06
본격
한중일
세계사

본격 한중일 세계사
06 여명의 쓰나미

초판 1쇄 인쇄 2019년 8월 15일 **초판 5쇄 발행** 2023년 12월 6일

지은이 굽시니스트
펴낸이 이승현

편집2 본부장 박태근
지적인 독자 팀장 송두나

펴낸곳 ㈜위즈덤하우스 **출판등록** 2000년 5월 23일 제13-1071호
주소 서울특별시 마포구 양화로 19 합정오피스빌딩 17층
전화 02) 2179-5600 **홈페이지** www.wisdomhouse.co.kr

ⓒ 굽시니스트, 2019

ISBN 979-11-90182-91-1 04900
　　　979-11-6220-324-8 (세트)

본격 한중일 세계사

06
여명의 쓰나미

굽시니스트 글·그림

위즈덤하우스

머리말

이 책의 마무리 작업을 하고 있는 2019년 7월 말, 시국은 바야흐로 일본발 무역 전쟁의 불길로 활활 타오르고 있습니다. 사태의 근원은 결국 과거 침략사로부터 비롯된 것일 텐데요. 하면, 그 침략사로 이어지는 역사 이야기인 이 만화책이 어찌어찌 세간의 주목을 받을 수도 있지 않을까 싶기도 합니다만.

이 6권에서 일본은 아직 막부 말기의 아수라 난장을 헤매고 있고, 조선은 세도 정치 말기의 혼미 속에서 푹 삭아가고 있습니다. 일본이 조선의 문짝을 뜯으러 오기까지는 아직도 10년 정도 남은 거지요. 이래가지고는 도저히 시류를 타고 주목받을 수 없겠습니다. 마케팅 팀에서도 딱히 일본발 무역 도발과 이 책을 엮을 만한 와꾸를 잡지 못하겠지요. 결국 〈미스터 선샤인〉도 놓치고, 〈녹두꽃〉도 놓치고, 한일 무역 전쟁도 놓치고 있습니다.

뭐랄까, 이게 다 결국 이 책의 진도가 느린 탓 아니겠습니까. 1권이 1840년대였는데 6권이 아직 1860년대입니다. 이 페이스대로라면 한일합방까지 20여 권이라는 무시무시한 권수가 예상됩니다. 그건 출판사 측에도 매우 곤란한 일이고, 책을 사주시는 독자 분들에게도 큰 부담을 안겨드리는 일이기에 아무래도 조치를 취해야 할 것 같습니다. 이야기의 페이스를 좀더 빠듯하게 올려붙여서 적어도 이 시대의 영국을 여왕이 다스리는 동안, 이 만화에서 빅토리아 여왕 시대를 마무리할 수 있도록 노력하겠습니다.

다음 권 머리말에는 무역 전쟁의 불길이 무사히 진화되었고 동아시아는 19세기와 달리 화기애애 태평성대라고 쓸 수 있으면 좋겠습니다.

2019년 8월
굽시니스트

차례

제 1 장

시모노세키
Boom!

금문의 변으로부터 1년여 前. 1863년 6월,
조슈 번은 다섯 청년을 영국으로 유학 보낸다.

옛날 옛날 한 옛날에
다섯 아이가~ 바다 멀리 아주 멀리
사라졌다네~

이토 히로부미
(22세)

이노우에 가오루
(27세)

야마오 요조
(26세)

엔도 긴스케
(27세)

이노우에 마사루
(20세)

조슈 번의
무기 구입 자금을 전용해
유학 자금으로 삼았고,
그 밖에 자딘 매터슨 상회의
도움이 있었다.

매터슨 선생님께
인사 올립니다.

아아, 글로버 군이
일본의 포텐을
높게 평가하더군.

윌리엄슨 교수네서
하숙하며 UCL 수업을
들어보게.

1863년 11월,
런던에 도착한 시골 사무라이들은
최첨단 산업 문명에 경악.

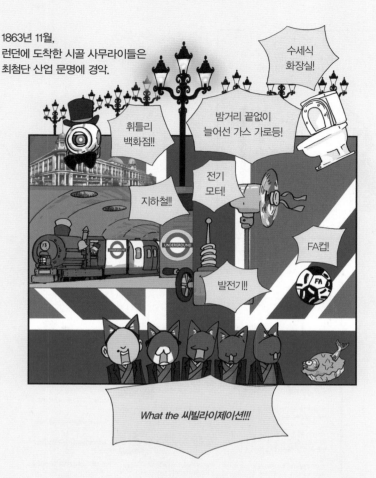

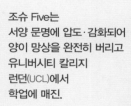

조슈 Five는
서양 문명에 압도·감화되어
양이 망상을 완전히 버리고
유니버시티 칼리지
런던(UCL)에서
학업에 매진.

그리 열심히 공부하던
1864년 4월,

영국 측이
조슈의 간몬 해협
봉쇄를 풀기 위해
무력 행사를 고려 중이라는
신문기사에 경악.

일단 이토와 이노우에가
참사를 막기 위해
조슈로 돌아가기로.

이토와 이노우에는
1864년 7월 13일,
요코하마에 도착.

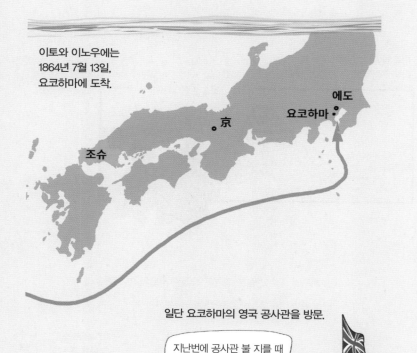

일단 요코하마의 영국 공사관을 방문.

※ 5권 10장 참조.

영국 공사관은 **이토**들에게
조슈行 배편을 제공.

조슈에 가서 느그 윗사람들에게
해협 봉쇄 빨리 풀라고
잘 얘기해주시게!
포탄 찜질 당하기 싫으면!

이토와 **이노우에**는 7월 말,
야마구치의 조슈 번정에 입청.

아이고, 서양과 싸우면
조슈 망합니다요!!

하지만 조슈 번정은 애송이 하급 무사들의 의견을 무시.

사무라이 정신은 영국에서
홍차에 말아먹어부렀어?!

적이 쳐들어오면
맞서 싸울 뿐이다!

이토와 이노우에는 가택 연금 중인
다카스기 신사쿠를 찾아간다.

이대로
양놈들이 진심 모드로
쳐들어오면 조슈는
진짜 조ㅅπ망할 건데;

아니, 뭐,
양놈들은 해협 봉쇄 해제가 목적이니
딱히 진심 모드는 아닐 거고
조슈의 숨통을 끊을 생각도 없을 거임.

진짜로 조슈의 숨통을
끊을 수도 있는 위기는
교토에서 온다!!

윙?

조슈兵, 황궁을 향해 포격!

다들 교토로 몰려가서 너네들한테 관심 없는 거임.

이토·이노우에의
조슈 도착 3주 후,
금문의 변 발발.

1864년 8월 20일.

WIS DOM 뉴스 속보 조슈兵, 황궁을 향해 포격!

고메이 천황 극대노.

미친 조슈 놈들이 누가 맞을 줄 알고 황궁을 향해 대포를 쏴?!

그리고 기어이 교토 시내 반절을 홀라당 다 태워 먹고!!

이제 조슈는 역적! 조정의 적! 조적이다! Enemy Of The State!!

자, 이제 공식적인 조적, 조슈를 토벌하기 위해 관군을 편성하오니

여러 번주 님들께서는 예비군복 다려놓으시길 바랍니다~

…음; 그런데 아직 조슈가 혼자 양이전쟁 중이라 말이죠;;

그 상황에서 조슈를 치는 건 같은 일본인으로서 좀 거시기하다는 사람들이 아직 있는데요…;

아아, 그 '양이전쟁'은 우리가 조슈 토벌군 편성하기도 전에, 이제 곧 끝날 거임.

예?

조슈의 간몬 해협 봉쇄를 막부가 해결하라는 서양 측 요구를 정중히 거절했거든요.

4국 연합 함대는 세토 내해를 통과하며—

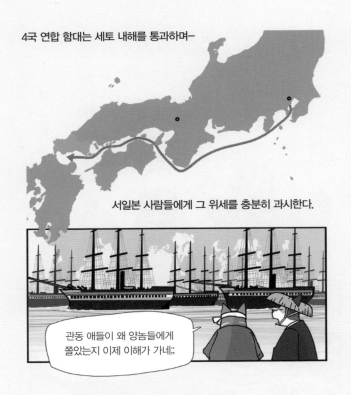

서일본 사람들에게 그 위세를 충분히 과시한다.

관동 애들이 왜 양놈들에게
쫄았는지 이제 이해가 가네;;

1864년 9월 4일, 4국 연합 함대,
시모노세키 앞바다에 도착.

시모노세키

히코 섬

후쿠오카

고쿠라번

이에 맞서는 조슈 측
포대 병력은 약 2천.

ㄷㄷㄷㄷ

많이도
몰려왔네;;

막상 서양 함대를 맞이하자,
조슈 번정에선 주화론 대두.

으아; 금문의 변으로
군 주력, 가용 화력 다
날려버렸잖음;;

이제 곧 막부도 조슈
토벌군을 보낼 텐데;;

포대에 대포가
없어서 나무 대포
얹어놨다는데;

지금 양놈들과 싸우는 건
도저히 무리인 듯;;

이에 조슈는 특사를 보내 협상을 요청하지만

어; 저기;;
말로 합시다;;

Too Late! 문답무용!!

다짜고짜 공격하고
인명 살상한 놈들이
이제 와서 뭔 소리래.

9월 5일,
4국 연합 함대,
시모노세키 포대
제압 작전 돌입.

이번에는 철저히 포대들 위치 파악하고
거리 충분히 두고 신중하게~

하나씩 제압해가며 천천히 전진.

압도적인 화력 앞에 포대들은 하나씩 갈려나가고.

9월 5, 6일 밤, 단노우라 포대가 야음을 틈타 반격에 나서지만.

서양 함대의 거센 반격으로 분쇄당한다.

9월 6일, 4국 연합 함대
해병대 상륙.

포대들을 점거하고
대포는 모두 노획, 파괴.

노획된 대포들 중 다수는
파리 앵발리드에 전시 중.

병력 일부는 시모노세키 시내 초입까지 진입. 조슈 수비 병력과 총격전.

4국 연합 함대는 시모노세키의 포대들을 모두 초토화시킨 후 9월 7일,
히코 섬 공격.

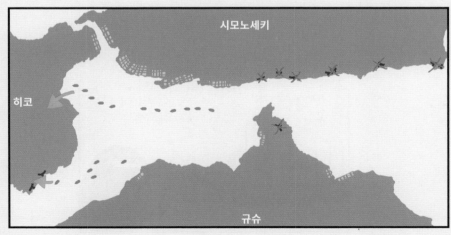

히코 섬의 포대를
파괴하고 섬을 점령.

700년 전, 단노우라 전투 때,
이 히코 섬이 헤이케군의
근거지였다고 함.

늬예 늬예
TMI ㅅㄱ~

이로써 간몬 해협의 조슈 포대 거점은 모두 궤멸.

조슈 측 사상자는
사망 18명
부상 29명

4국 연합 함대 사상자는
사망 12명
부상 50명

간몬 해협 全 포대 초토화. 대포 100여 문 상실.

그나마 병력을 많이 투입 안 하고
인원 대피 재깍재깍 시킨 덕분에
인명 피해는 크지 않으니 다행;;

작전 목표 모두 달성!
Mission complete!

니들 원하던 대로 실컷
다 두들겨 부셨으니
이제 협상합시다;;

9월 8일, 조슈 번정은 다카스기 신사쿠를 사면하고 4국 연합 함대와의 협상 사절로 보낸다.

영어 제대로 배워왔겠지?

통역: 이토

기함 유리알러스 호

uhm;; maybe;; 어학연수 6개월에 많은 걸 바라지 마세요;;

간몬 해협의 자유·안전 항행 보장! 시모노세키 항구 이용권!

ㅇㅇ. 그건 다 ㅇㅋ.

그리고 너네가 벌인 공격 행위, 살상에 대한 배상과 사죄의 의미로 배상금 300만 달러 내놓으쇼.

은 81.63톤?!!!?!

ㄴㄴㄴㄴ,
배상 책임은 조슈 번이 아니라
막부한테 있는 거죠!

작년 6월 25일에 막부가
양이 실행령 선포한 거 기억하심?!

지방 번은 그저 그 양이
실행령을 따랐을 뿐입니다!

그 방법론으로
해협 봉쇄라는 수단을
택했을 뿐!!

Do 양이!

여기
이 막부의 양이 공문이
그 증거입니다!

아니, 이 무슨 궤변;;
막부 명령 오질나게 씹고 막부
선박까지 나포한 조슈가 무슨;

…뭐 어쨌든 간에
조슈는 근간 여러 삽질들 때문에
돈 한 푼도 없는 거지임.
어차피 배 째도 나올 돈 없음.

(정말로 돈을 받고 싶으시다면
조슈가 아니라 막부한테 받는 걸로
해야 받을 수 있을 텐데요.)

그리고 협상 막바지에 다카스기 신사쿠는
갑자기 〈고사기〉를 외우기 시작한다.

히코 섬 할양 요구가 나올까봐
우려한 다카스기가 지레 긴장하여
히코 섬 할양 절대 불가를
먼저 못 박은 것.

히코 섬 뜨면 4개국이 나눠 가져야 하나-
할양 주체는 조슈 번인가, 막부인가, 조정인가-

등등의 복잡한 문제를 고려할 때, 히코 섬 할양은
서양 측에서 아예 염두에도 두지 않고 있던 사항.

아무튼 어찌저찌 9월 14일, 강화 협상은 무사히 타결.

9월 18일, 4국 연합 함대는 임무를 마치고 시모노세키를 떠납니다.

막부의 조슈 토벌군 35개 번 15만 대군.
출정 임박.

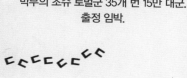

MEANWHILE

4국 연합 함대의
승전에도 불구하고
올콕 공사는 본국으로
문책 소환된다.

분명히 일본에 군사 개입 안 한다는
방침을 정했는데, 현지에서 멋대로 그리
함대를 움직이다니!

아오, 그런 탁상공론이랑
필드는 다르다니까요;;

그리하여 1865년,
후임 주일 공사가
요코하마에 도착.

아오, 상하이가
더 좋았는데;;

새삼스럽긴 하지만
영·일 수호통상 조약에
아직도 천황 도장이 안 찍혀 있다니―
일단 그거부터 처리해볼까나.

해리 S. 파크스.
주일 영국 공사로 착임.

제 2 장

조슈
최후의 날?!

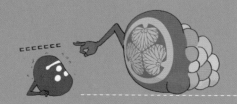

1864년 8월 24일,
조슈 정벌군-35개 번
15만 대군 편성!

사령관에는 오와리 번주 **마쓰다이라 요시카쓰**(30세)
(마쓰다이라 카타모리의 형)

어린 시절 여기저기로 입양가서 각지의 번주들이 된
타카스 번주 집안 타카스 형제들.
(요시노부가 이들 형제의 5촌 외당숙)

 차남) 마쓰다이라 요시카쓰

 6남) 마쓰다이라 카타모리

 8남) 마쓰다이라 사다오키

정벌군은 히로시마에
사령부 설치.

실제로 15만 대군이 모두 동원된 건 아니지만,
작전 계획상 서부 지역 21개 번병의 5로 진군은
조슈를 쓸어버리기에 지나치게 충분한 전력.

오쿠보 도시미치
(34세)

사이고 다카모리
(36세)

가쓰 가이슈
(41세)

그게—

근간 해군 조련소 학생들 중에 존양지사들이
발각되어서, 해군 조련소는 폐쇄 예정이고,
나님도 해군 봉행에서 곧 짤릴 참인지라.
※ 1864년 12월 3일.

저런;

막부 쪽의 큰 그림 구상 같은 건
나님도 잘 모르겠습니다만—

그래도 쉽게 생각하기론, 막부가 이 기회에
조슈를 완전히 지도에서 지워버리고
싶어 할 것 같은데요.

개역이다!
개역!

이런 개역같은
일이!!

BUT 지금이 17세기도 아니고, 막부가
조슈를 완전히 갈아버리기에는
현실적 문제들이 있죠.

저 꼴통 조슈 번사들이
전국 각지로 흩어져서 온갖 난동과
이념 운동을 부채질할 거고

끝없이 난동 부릴 조슈 땅을 점령·관리할
군정 비용은 어디서 나오나;;

그리고 저 개인적으로도 전쟁을 통한 문제 해결을 극혐하는지라…

전쟁은 언제나 더 큰 문제를 불러오기 마련이니까요.

아, 저희는 앞으로 10년에 한 번씩 전쟁하는 시대를 열 예정인데요−

오줌을 똥으로 덮기랄까.

원, 말씀 큰 도움이 되었습니다.

오신 김에 여기 이 료마 군과 해군 조련소 출신 학생들을 사쓰마에서 거둬가주시면 앞으로 큰 도움이 될 겁니다.

곧 닥쳐올 2차 산업혁명 시대!! 저희가 아주 기막힌 스타트업을 준비 중이죠!!

사카모토 료마
(28세)

오오?!

자, 다음은 이와쿠라다.

교토 교외 이와쿠라 자택

어휴, 교토에서 추방당한 몰락 공경을 이리 다 찾아와주시고−

몰락 공경이라뇨,
이와쿠라 공은 저희 사쓰마의
소중한 조정 정치 자산이죠.
(그래서 돈도 많이 발랐죠)

공께서는 이번 조슈 정벌에
사쓰마가 어떻게 처신해야
할 것으로 보십니까.

이와쿠라 도모미(39세)

일단 사쓰마가 제대로 나선다면
분명 조슈의 숨통을
끊어버릴 수는 있겠죠.

질긴 악연도
끝이다!!

그런데 그것이
막부에게는 좋은 일이지만,
과연 사쓰마에게도 좋은 일일까요.

이후의 이야기는
쉽게 예상 가능하지 않습니까?

"사냥이 끝나면 사냥개를 삶는다."

쇼군家는 원래
개고기 반대파
아니었나?!

아니, 근데
이와쿠라 공은 親조슈파에 의해
조정에서 쫓겨났는데도 조슈를
갈아버리고픈 마음이 없으십니까?

뭐, 정치에는 영원한 적도
영원한 친구도 없는 거 아니겠습니까.

그런 작은 원한 따위를 계속 간직할 만큼
마음에 여유 공간이 넓지 않습니다.

BUT, 조슈로 도망친
산조 사네토미. 그 인간만큼은
어디 태평양 절해고도로
유배 보내주시면 좋겠네요…

뭐, 이모저모 따져서 결국 이 정벌은
조슈를 갈아버리기보다는 피 흘리지 말고
관대한 항복 교섭으로 가는 것이
사쓰마에 이득이라는 결론.

히로시마

─하여 조슈 정벌이 그런 방향으로
가도록 정벌군 사령관을 설득하러
히로시마에 왔습니다~!

격변하는 국제 정세 속에서 같은 일본인들끼리 피 흘리며 빡세게 싸울 필요 있겠습니까.

조슈 놈들도 반성하고 있을 테니 적당히 항복시키고 싸울 필요 없이 돌아가면 모두에게 좋은 일이죠.

흠…

확실히… 조슈를 치기 위해 소집한 여러 번들의 속마음도 조슈에 대한 항복 권고론으로 기울어져 있고…

막부에 대항하는 번은 이렇게 죽을 것이다!

으어어;;

다음은 우리 번 차례가 될 수도;;;

어쩌니 저쩌니 해도
'번'들은 같은 '번'의 죽음을
바라지 않는다.

우리 손으로 같은
번을 죽이라니;;

막부에 다시금
무시무시한
힘을 주고 싶진
않네요.;;

Burn
the 번!

Energy
of the
state!

노사관계에서
우리 번들은 같은
노동자 입장인 게지.

그리고 현실적으로 다수의 번들이 거지인지라,
병력을 다른 동네로 움직이는 것만으로 이미 재정 파탄 상태.

교통비만으로도
파산할 지경인데,
싸우기까지 하라니,
너무하십니다;

적당히 항복받고
집에 갑시다, 좀;;

So! 그대를 정벌군 수석 참모로 임명할 테니
조슈 측 항복을 받아오도록!
대충 체면치레할 만한 이 조건들로.

옙!

사이고, 항복 교섭을 위해
히로시마와 조슈 사이− 이와쿠니로.

이와쿠니
긴타이橋

조슈 동포 여러분!
쓸데없이 목숨 버리지 말고
항복하여 광명 찾읍시다!

040

조슈 번정은
항전과 항복 사이에서
결정을 내리지 못하고
우물쭈물.

화끈한 옥쇄가
사무라이의 길…;;

일단 항복하고
와신상담을…

번정이 결정을
내리지 못하자 결국─

크흠…

번주 모리 다카치카가
직접 결정을 내리게 된다.

…
항복한다.

죽여주시옵소서
ㅠㅠ

성단이시옵니다
ㅠㅠ

이에 12월 2일, 모리家 분가 이와쿠니 영주
깃카와 쓰네마사가 항복 교섭을 위해 사이고와 회견.

막부에선 조슈 번주 부자가
에도에 올라와 석고대죄할 것을
바라던데요.

어휴; 그건 좀
봐주시오;;

ㅇㅇ 봐드림.

그래도 최소한
조슈 번정은 도막파에서
좌막파로 정권교체되어야,
이쪽에서 납득을 할 겁니다.

ㅇㅇ, 그건
그렇게 갑시다.

그리고 금문의 변 A급 전범으로
지목된 인사들 – 여기서 여기까지는
배 긋고 여기부터는
목 날리도록 하세요..

아, 야마구치성도 철거하시고,
조슈에 와 있는
공경 귀족들도 추방하시고,
번주님이 사죄문도 좀 써주시고,

ㅇㅇ 알겠소 ;;;

이에 번정의 리더
스후 마사노스케가
일찌감치 할복하고,

마스다   쿠니시   후쿠하라
치카노부   차카스케   모토베

금문의 변에 앞장선 과격파 3가로 할복.

역적으로 지목된
번사 4명도 참수.

1865년 1월 2일,
조슈 번주의
사과 문서 전달.

조슈의 항복으로
정벌군은
임무 완수, 해산.

조슈 번정의 정권은 좌막 속론파(막부에 순종파)로 넘어가
도막 존양지사들에 대한 숙청 개시.

무쿠나시 토우타

이에 반발한 다카스기 신사쿠와 쇼카손주쿠 일당은
산조 등의 공경들을 데리고 시모노세키로 도주.

교토 니조城

뭐, 대충 그렇게
마무리인가…

조슈의 숨통을
끊지 못한 건 아쉽지만,
현실의 제약과 한계가 있으니
이 정도로 만족해야겠죠.

일단 우리 클랜의
손익을 따져보자;

이번 정벌을 계기로 구식 사무라이 군대의
무쓸모를 똑똑히 깨닫게 되었다.

각 번의 번병들은 보신에 급급한
정치적 계산쟁이들.

막부 직속 하타모토·고케닌들은—
이건 뭐 일본 버전 만주 팔기 기인들인가.

가문과 신분을 벗어나
철저하게 기계적인
무인격 병사들로
서양식 신식 군대를
만들어야 할 필요성 절감!

프랑스 공사 **레옹 로슈**

조슈 정벌은 대충
그렇게 마무리되었으니…

요시노부가 조슈를 완전히
죽이진 못했지만,

적어도 당분간은 그 권세에
감히 맞설 자가 없겠습니다.

요시노부의 권세 자체보다는
그 권세의 기반에
주목할 필요가 있죠.

권세의 기반?

우선은
교토를 지킨다는 명분을 내세운
이치카이소 정권에 대한
천황의 총애를 들 수 있죠.

이 친구들이
역적 놈들 공격에 맞서
황궁을 지켜주고–

무법천지
교토의 치안도
바로 세워주고,

나님이 무리하게 양이하라고
떼쓰는 것도 최대한 받아주는
시늉 열심히 하고. 기특해.

천황이 자기가 양이로
무리하게 떼쓴다는 걸
알고 있다고요?

연애 많이 해보면
그런 앙탈의 심리를
이해하게 될 겁니다.

뭣보다 미토학 빠돌이인 천황에게 요시노부는 미토에서 미토학의 현신으로 키워진 미토학 프린스!

매주 수요일, 같이 미토학 스터디도 하고 그러겠죠.

미토미토미토?

미토미토미토!

일본 전체적으로 보면, 공무합체를 통해 구체제가 연착륙하기를 바라는 사람들이 꽤 많습니다.

이 정국 혼란이 공무합체로 종식되기를.

구체제 250년의 안정이 공무합체로 스무스하게 이어지기를.
(조금씩 천천히 개선되며)

그 공무합체의 살아 있는 실체인 쇼군 부부.

최초로 사진도 찍었다죠.

도쿠가와 이에모치(19세)　**가즈노미야 치카코**(19세)

저 쇼군과 천황의 여동생 사이에 태어날 아이는
일본 역사상 가장 존귀한 혈통을 가질 차기 쇼군.

저 고귀한 두 가문의 결합과
그 결과물이 될 차기 쇼군은
공무합체가 분명히 성공하고
이 나라를 안정으로 이끌리라는
확실한 증표입니다!!

공무합체에 대한 기대,
쇼군 부부의 2세를 통한 공무합체의
실체화에 대한 믿음이
공무합체 전도사 요시노부에 대한
강력한 지지세가 되어줍니다.

그리고 막부의 실권자이면서
동시에 교토에 머물며 조정의 신하를 자처하는
요시노부는 막부와 조정의
중간 조정자 포지션을 차지했죠.

그렇게 조정과 막부를
모두 주무르면서 동시에
양자 어느 쪽에도 구애받지 않는
미묘한 포지션도 그 권세의
주요 기반이라 할 수 있겠습니다.

제 3 장

The
Ingenious
Army

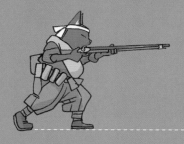

저 보수 '속론파' 놈들이 우리 '정의파' 인사들을 처형하며 막부에 굽실대는 꼴을 두고 볼 수 없다!

1865년 1월 12일, 조슈 번정의 對막부 유화 보수파 정권에 대해 다카스기 신사쿠가 이끄는 불순 세력이 반발하여 봉기.

우리 입으로 스스로 '정의파'라고 하는 건 좀 부끄럽지 않나 싶은데;

기병대 군감
야마가타 아리토모(27세)

정의파 봉기군은 조슈 번정의 진압 병력을 속속 격파.

천한 상것들이 어째 이리 세지?!

이 천한 상것들이 바로 봉기군의 중심 전력!

'기병대'올시다!

말타고 다니는 '기병대'가 아니라—
騎兵隊

기특하고 **기**발한 군대라는 의미의 기병대.
奇兵隊

조슈에서 구식 사무라이 군대를 넘어서기 위해 새로 조직된 군대죠.

원래 일본의 군사 제도는 전적으로
세습 사무라이 제도로 이루어져 있던 바ㅡ

그리고 얽히고설킨 클랜의 인척ㅡ주종 관계로 인해
대규모 소집시 그 조직도는 난해하게 엉켜 있다.

뭣보다 철저한 병농분리 정책으로
군대는 오로지 무사 계급만의 독점 직장.

무사 계급 외의 백성들은
무기를 잡는 것조차
금지되어 있었다.

하지만 점차 백성들의 경제력과 의식 수준이 높아지면서
백성들도 천하 공론에 참여하고픈 욕망이 커지고.

So- 1863년, 조슈 번이 일반 백성들도 군인으로 받는 '기병대'를 창설하자 백성들 대호응.

다카스기 신사쿠의 주도로 발족한 기병대는 서양식 표준 군사 훈련과 운용 시스템을 도입.

그 조직 또한 신분·가문 등에 상관없이 깔끔하고 효율적으로 정리.

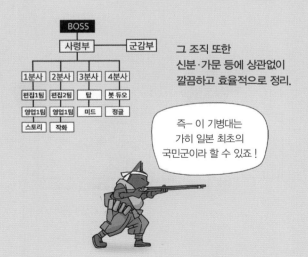

이제껏 언제나 무기를
독점한 자들이 주물러온 천하.

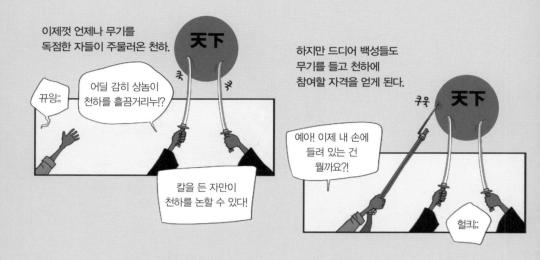

하지만 드디어 백성들도
무기를 들고 천하에
참여할 자격을 얻게 된다.

'무武'의 독점으로써
강고하게 유지되어온 신분제.

무의 독점이 깨진다는 것은
곧 그 신분제의 붕괴.

무기를 들고 전쟁터에 나가는 것으로
시민의 자격이 주어졌던 고대 그리스처럼—

에도 시대를 통해 점차
그 역량을 키워온 백성들은

무기를 들고 전쟁터에 나감으로써
백성이 국민으로 재편되는
첫걸음을 떼게 된다.

사실은 그냥
총 한번 쏴보고
싶었을 뿐인데. ㅎ

—라곤 하지만,
훗날 일본이 징병제를 실시하자
각지에서 징병 거부 민란이 속출…

일부 밀떡 농들 오버질 가지고
사회 전체로 일반화시키지 마라!

그딴 끼워 맞추기
헛소리 거르고,
군대 가기 싫다고!!

그리고 실제 국민 보편 참정권은
까마득하게 먼 훗날 이야기죠.

아무튼 기병대의 활약으로 결국 정의파가 내전에서 승리합니다!

1865년 4월, 정의파, 야마구치성 장악.

조슈 번정 정권은 다카스기 신사쿠와 기도 다카요시가 이끄는 정의파가 장악한다.

보수파와 너네 편들이 계속 서로 죽여대서 번정 중역 맡을 중량급 인사들 씨가 말랐다…

뭐, 이제 젊은 피가 주도할 세상이니까요!

송구합니다;;

기도 다카요시(32세)

이 정의파 정권은 막부가 조슈의 공순(공손하게 순종) 입증을 위해 내민 요구 사항을 모두 거절.

10만 석 분량 영지 내놔라. 번주 부자가 에도로 올라와라. 번주는 은퇴·칩거해라.

아, 저기 잠깐, 조슈 까잡수는 소리하지 마세요. ㅗㅗ

으어;;
뭔 깡으로 막부 요구를
죄다 씹는 거임요?

빡세게 싸워서 보수파들
몰아내놓고, 우리가 막부에
굽신거리면 그림이 웃기잖아.

그리고
번주님 에도 보내고
은거시키려면 체면상
나-너 포함 5명 이상
배 그어야 된다.

막부군이 다시
쳐들어오면??;;;

뭐 어떻게든
되지 않을까나~

1865년 5월,
신사쿠는 시모노세키에서
영국 상인 글로버와 회견.

그 '어떻게든'을 위해
좋은 거래가
필요하시겠군요!

나이스 투 미츄~

사카모토 료마   Thomas Blake Glover(27세)

저희 글로버 상회는
자딘 매터슨 그룹의 협력사로
생사 수출에서 첨단 무기 수입까지
일본 고객들을 위한 모든
거래를 취급한답니다!

그리고
저희 카메야마 사중은
글로버 상회의 협력사로
국내 운송과 영업·홍보를
대행하고 있습죠!

사카모토 씨와
해군 조련소 학생들은
지난 장에
사쓰마로 갔죠?

〇〇. 사쓰마에서
출자를 받아 나가사키에
스타트업을 차렸죠

일본 최초의 스타트업인 카메야마 사중은
각종 상품의 판매·구매 대행, 운송뿐 아니라
인적 네트워크와 커넥션 구축을 위한
각종 로비와 솔루션도 제공하고 있사오니―
부디 투자 & 고객이 되어주시길.

흠,
인터레스띵~

뭣보다 저 교통의 요지
시모노세키를 무역항으로
개항하신다면, 조슈는 이를 통해
돈방석에 앉게 될 겁니다!

굿 아이디에!!

이미 서양 선박의
항구 이용은
열려 있으니―

하지만 시모노세키 개항 계획과 서양 상인과의 친목질은
번내 골수 존양 뀐들의 분노를 불렀으니~

다카스기 신사쿠와
이토는 암살 위협 때문에
잠시 조슈 번 밖으로
몸을 피해야 했다.

MEANWHILE

1865년 초,
교토의 요시노부는 자신의 고향인
미토 번에서 진행 중인 텐구당의 난에
주의를 빼앗기고 있었으니.

하지만 요시노부는
직접 병력을 움직여
텐구당 토벌에 나선다.

(저것들에게 관용을 베풀면 막부의
舊난키파 정적들이 날 물어뜯겠지;;)

막부의 권위에 도전하는
역적 무리, 절멸토록 하라!

2월, 토벌군에 항복한 텐구당
무리 중 353명 참수.

또한 미토 번에서는 좌막 보수파 정권이
텐구당 가담자 가족들에게 연좌제를 적용.
수많은 인명이 학살당한다.

보복의 악순환을 끊으려면
이 수밖에 없다!!

뜨악;;;

심했다;;

아이와 여자들까지 학살한
미토 번의 참극에
천하의 민심이 ㄷㄷㄷ.

그 와중에 교토에서는 천황이
다시 쇼군 상경을 명하고.

원, 세상이 계속 시끌시끌했으니
쇼군이 올라와서 양이 세레모니
같은 것도 좀 하면서
천하의 안녕을 꾀하도록.

흐유;;

에도에서는 이에 대한 반발 격화.

뭔 쇼군을 강아지 부르듯
계속 오라 가라얫!!!

막부의 요직에는 여전히
이이 나오스케가 발탁한
난키파 로주들이 포진해 있고,
이들은 요시노부의 정적들.

천황의 발 아래 엎드린 요시노부가
교토에서 막부를 컨트롤하고 있으니
천황이 막부를 얕잡아보는 것도 당연지사!

로주 아베 마사토(37세)
무쓰 시라카와 번주

쇼군께서 이미 19세인데,
요시노부가 어찌 아직 교토에서
막부의 대리인을 자처한단 말이오이까!

교토에 가서 요시노부를 에도로 소환하고
교토를 막부의 정상적인 시스템
밑으로 돌려놓겠소이다!

1865년 3월, 아베 마사토는 4천 병력을 이끌고 교토로 상경.

BUT
아베 마사토의 조정 공작은 씨알도 먹히지 않고.

－하여 요시노부와
직접 회견에 나서지만.

막부 가로들은 요시노부公께서
에도로 돌아와주시기를
바라옵니다만;;

니조城

이보세요. 내가 에도로 돌아가면
막부는 교토를 또 상실하는 거예요.

혹시 저 병력 4천으로 교토를
제압하기라도 할 생각이셨소?

금문의 변 2탄
찍어보려고?

아니; 저;
그런 건;;

쇼군 상경의 황명에 대해
쇼군 대신 막부의 가로가
병력을 끌고 올라오다니,

뭔가 죄가 될 것 같다는
생각 안 드셨소이까?

아니; 저, 그런 게
아니오라;;

됐고, 어차피 조슈 정벌을 위해선
병력이 필요하니,
저 병력은 쇼군의 솔병 상경 병력으로
전용하시오.

예??

근간 막부가 조슈에 보낸 요구 조건을
조슈의 新정권이 다 씹었어요.

야! GG 친다며?!
씹나?!

느그 쇼군.

어, 그래,
넌 이제 뒤졌다.

난 막부를 위해 내 손으로
고향 사람들을 떼로 학살했소.

그래놓고 저 조슈를 살려둔다면
나중에 지옥에서 그들의 원혼을
무슨 낯으로 대하겠소이까.

조슈가 망하거나
막부가 망하거나
둘 중 하나요.

…예;;;

쇼군께서는 조슈 정벌 병력을
이끌고 상경하는 걸로 하시오.
그게 막부 체면을 챙기는 길이니까.

아베 마사토는
에도로 돌아가
쇼군 솔병 상경을 건의.

쇼군이 조슈 정벌군을
이끌고 상경하는 걸로;;

아니, 요시노부 머리끄덩이 잡고
데려온다던 사람이
뭔 상경 명령
심부름이나 하고 있어?!

아오 ㅅ#!$!@$!
일단 저 역적 조슈를
뭉개는 게 중요한 거 아뇨?!
정치를 좀 대국적으로 합시다!!

앞잡이가
사람 친다!!

쇼군 솔병 상경을
반대하는 가로들,
막각에서 축출.

그리하여 쇼군 상경 – 조슈 정벌 친정 결정!

쇼군 출정이오!!

그럼 출장 좀
길게 다녀오리다.

으음;; 이거 꼭
가야 하는 거임?

직업이 쇼군인데,
할 일은 해야죠.

그럼 나도 따라갈래. 교토가 우리 친정인데~

그건 아니 될 말씀! 정치적 의미가 가볍지 않습니다! (미야께서는 막부의 인질이오니) 에도성에서 쇼군의 건승을 기원하며 머무르시길!

쇼군을 이리 오라 가라 부르는 요시노부는 천하의 빌런 아님? 감언이설로 오빠 폐하를 구워삶고,

양놈들에 맞서 싸우긴 고사하고 같은 일본인 조슈와 싸우려 하고.

그 모든 게 다 이 체제를 어떻게든 유지시키려는 요시노부 형님의 정치죠.

탁

빡

그런 거 다 떠나서 신혼부부 생이별시키는 인간은 천벌을 받는다는 게 정설인데.

원, 그리 생이별로 느끼지 않도록 도움이 될 만한 게 있죠.

세간에서는 사진이 혼을 끄집어내어 유리판에 박아넣는 것이라고 한답디다.

이리 사진에 남긴 혼으로 함께 있을 수 있다고 여기면 어떨까요.

물론 실제로는 콜로디온 유리 습판 위의 화학물질이 빛과 반응하여 형상을 남기는 것이지만.

흐음…

근데 이거 뽀샵질이 좀 과하지 않나 싶은데…

이 시대 사진은 뽀샵질이 기본 옵션이에요.

※ 사실임.

훗날 가즈노미야의 무덤 부장품이 된 이에모치의 사진은
1958년 발굴 과정에서 발견되었는데,
무덤 밖 공기와 접촉하자 유리판 위의 형상이 하룻밤 사이에 삭아 사라졌다고 합니다.

으아아아아아아아!!!!!!

제 4 장

Under Pressure

1865년 중반을 넘어가며
막부의 2차 조슈 정벌이
점차 가시화되어감에 따라,

....

두 번의 관용은 Naver!
엄벌주의만이 답이다!!

아오;; 지난번에는 어찌어찌
무마했지만 이번에는 진짜
총 들고 선봉으로 끌려가게
생겼는데;;

너무 막 질렀나;;
막부가 진심 모드로
쳐들어오면 번의
존망을 장담할 수
없을 것인데;;

2차 조슈 정벌을 앞두고
사쓰마와 조슈의 속마음이 복잡하게 흘러간다.

전쟁터 끌려가기 싫다;;

으어; 죽고 싶지 않아;;

고마쓰 타테와키	오쿠보 도시미치	사이고 다카모리	이와쿠라 도모미	산조 사네토미	다카스기 신사쿠	기도 다카요시
사쓰마 번정 실권자			親사쓰마 공경	親조슈 공경		조슈 번정 실권자

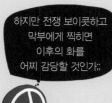

체면상 먼저 말 꺼내기 힘든 사쓰마와 조슈의 교섭을 주선하기 위해
몇몇 로비스트가 간몬 해협을 분주히 오간다.

나가오카 신타로(27세)
도사 탈번 낭인

사카모토 료마(29세)
도사 탈번 낭인
카메야마 사중 대표

히지카타 히사모토(32세)
도사 탈번 낭인

재들이 다 도사 출신들이라는 게
좀 수상해 보일 수 있지만
어휴, 재들은 그냥 다 탈번 죄인들이고요,
도사 번은 수상한 꿍꿍이 없습니다요~

(신뢰성 없는 말)

조슈에 몸을 의탁 중인
산조 사네토미는 나가오카를
대리인으로 삼아 그 의중을
사쓰마와 각지로 전한다.

나님은 이와쿠라 공에게
원한 없다고 전해주게.

근데 따져보면 대감이
가해자 포지션 아닌감요?

그런 건
중요하지 않아.

사쓰마의 후원을 받는
료마가 사쓰마 측과
사쓰마−조슈 교섭 구상을
논의하고,

조슈 번사들과 친분이 깊은
히지카타를 다리 삼아
조슈 측과 교섭에 나선다.

그리하여 1865년 7월 13일,
시모노세키에서
사이고와 기도 다카요시의
회견 일정이 잡힌다.

※ 해돈海豚 :
　바다돼지 복어를 일컫는 말.

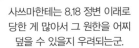

사쓰마한테는 8.18 정변 이래로
당한 게 많아서 그 원한을 어찌
덮을 수 있을지 우려되는군.

사람 죽인 걸로 치면
조슈가 사쓰마 배
격침 시킨 게 먼저죠.

아니, 금문의 변 때
사쓰마 놈들은 우리 조슈 사람
수백 명을 살상했는데!!

그때는 형세로 보나
명분으로 보나 사쓰마가
막부 편을 안 들 수가
없는 상황이었잖아요.

그딴 변명, 조슈 사람들한테
씨알이라도 먹힐 성 싶은가.

금문의 변 이후로 조슈 사람들은
신발 바닥에 '薩賊会奸' 네 글자를
새기고 다닌다!!

薩賊会奸 (실적회간)
사쓰마 도적
아이즈 간신

...

그 외에도
薩賊会奸 화장지

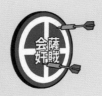

薩賊会奸
다트 판

薩賊会奸
개 껌

薩賊会奸
속옷 등등—

다양한 제품에 적용,
조슈에서 선풍적인 인기를 끌어서
薩賊会奸이 올해 일본 브랜드 파워
5위에 랭크되기도 했지.

아, 예…

그건 그렇고 이 양반 왜 이렇게 늦어?

아, 여보세요— 헉, 그렇습니까;;;

사이고 씨는 교토의 더 급한 용무 때문에 오사카로 가야 해서, 시모노세키에는 못 들른답니다;;

에라ㅅ'ㄴ! 사쓰마 도적놈을 믿은 내가 형신이지!!

사이고의 약속 펑크로 시모노세키 회견 불발.

아니, 그게, 지금 교토-오사카로 조슈 정벌군이 막 집결하는데, 그걸 방해하는 여론 공작이 더 시급한 과제 아니겠냐고요.

078

1865년 6월, 쇼군 이에모치의 상경 때 거느리고 온 병력이
오사카에 집결. 조슈 정벌을 위한 준비 중.

이에모치도 상경 이래
에도로 돌아가지 않고
막부 각료들을 거느린 채
오사카성에 머물고 있다.

몸도 계속 안 좋은데;
에도에는 언제
돌아갈 수 있을까요;

이제 여기서 조슈 정벌을 지휘,
대업을 완수하시면 내년쯤
에도로 개선하실 수 있겠습니다.

요시노부는
오사카와 교토를 오가며
조슈 정벌을 위한
조정 공작과 제번 협조 로비에
몰두하고 있었는데—

거, 병력 좀 보내주시고
조정 벼슬 골라잡으시라니까~

각하, 지금 보셔야 할
뉴스가 있는뎁쇼;;

양놈들이 고베 앞바다에 몰려왔습니다;;

으헠ㅅß;

양 4국 함대 고베 앞바다 내항

1865년 11월 4일, 서양 4국 함대 고베 내항.

저것들은 또 왜 온거?!

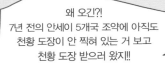

왜 오긴?! 7년 전의 안세이 5개국 조약에 아직도 천황 도장이 안 찍혀 있는 거 보고 천황 도장 받으러 왔지!!

그리고 그 조약에서 약속한 효고(고베) 개항도 빨리 추진하시오!!

네덜란드 공사	영국 공사	프랑스 공사	미국 대리 공사
반 폴스브록	파크스	로슈	호프먼

쇼군 이하 막각 전체가 오사카로 이동했다기에, 겸사겸사 일곱 척 함선을 몰고 이쪽으로 오게 되었죠.

막부는 로주 아베 마사토와
마츠마에 다카히로를 보내
서양 측과 협상에 나선다.

아니, 어차피 안세이 조약 시스템은
천황 칙허 없이도 그냥저냥 정상적으로
잘 굴러가고 있는데 왜 이러시는 거죠;;

우리는 시모노세키 전쟁 같은
양이파의 난동들이 내세운 명분이
결국 천황이 안세이 조약을 인정하지
않았다는 부분에 있다고 봅니다.

그리고
안세이 조약 때
개항하기로 한
효고의 개항 연기도
결국 천황이
서양 세력을
가까이 두지
않겠다는
시그널 아닙니까?

비와澤

京

으어, 저기
열지 마;;

히메지

비젠

고베(효고)

오사카   나라

사카이

시코쿠   아와지 섬

올콕 공사는
그간 막부 사정 봐주느라 런던 각서를
통해 효고 개항도 연기해주고 그랬다는데,
나님은 그런 꼴 못 보겠습니다.

효고 개항 & 안세이 조약 천황 칙허로
양이 핀 놈들에게 현실을
똑바로 직시케 할 것이오!

만약 이 건을 막부가 전권을 가지고
처리해주지 못한다면,

으어;;

막부 꺼지고
천황 나와라!

우리는 막부가 일본을 대표하는
정부로 기능하지 못한다고 판단하고—

막부를 패싱하고 교토로 올라가
조정과 직접 담판을 벌일 것이오!

결국 11월 13일, 아베 마사토는
효고 개항, 오사카 개시開市를 수락하는 협정을 체결.

대신 시모노세키 전쟁
배상금 300만 달러는
대폭 깎아서 100만 달러만
받겠습니다 ㅎㅎ

아니,
그것도 막부가 내긴
엄청 억울하긴 한데;;

BUT

교토 턱밑인 효고 개항이라니??!
미친 거 아냐?!! 언제든 양놈들이
교토로 쳐들어올 수
있는 거리잖아?!

고메이 천황은 막부의 협정 체결 소식에 극대노.

저 반민족적 매국 협정을 체결한
아베와 마츠마에를 당장 쫓아내고
그 영지는 개역하도록 막부에 명한다!!

고곡

히엑??!

천황이 막부에, 막부의 로주를
파면·개역시킬 것을 명하는 전무후무한 사태!

저 셰퀴 짜르고
영지 몰수해!

예??!!
Pardon??!

이에 사람 좋은
이에모치도 울컥.

뚜둥

크윽;; 울컥했더니
심장이 저린다;;

아, 진짜 이렇게는 못 해 먹겠네요!
몸도 안 좋은데, 쇼군직 사임합니다!!
ㅃㅃ~! 사요나라!!

으아아아아아앙ㅉ앙…

이에모치, 조정에 쇼군직 사표 제출!!

아, 진짜 고베 앞바다 양놈들
빨리 몰아내지 않고 뭐하냐?!!

오사카에 병력 모아놓은 걸로
양놈들 치면 되겠네!!

으아아아이아앙ㅉ앙…

고메이 천황은
조약 칙허는 고사하고
양이 실행을 재촉.

파크스는 열흘 내 답변을 촉구하는 최후통첩.

먼저,
쇼군 전하!!

전하의 어깨에 얹혀 있는
도쿠가와 치세 250년의 무게를
어찌 가볍게 던질 수 있다
여기십니까!!

아니;
저 몸도 안 좋고;
치통도 심하고;;;;

이 퀘스트 다 끝내면
서양 의사 불러드릴게요!!

아베와 마츠마에에 대한
천황의 개역 명령은
어떻게든 근신 정도로
경감시키겠습니다.

그러니 쇼군께서는
조정의 사표 반려를
받아들이시고
조슈 정벌 준비에
집중해주십시오!!

뭐, 그러죠…;

그리고 천황 폐하!!

저 양놈들은 청나라 베이징까지 짓밟았던 흉폭한 놈들인데, 그 총칼이 이곳 황거를 범치 못하리라 어찌 장담하겠습니까!

으어?;;

폐하께서 런던 타워로 끌려가시는 참변을 보기 전에 이 몸이 할복으로 충언을 고함이 마땅하지 않겠습니까?!

(할복 협박)

안세이 조약은 이미 그 조약 체제하에 양놈들과 교역해온 지 오래인지라 칙허는 어차피 형식상 문제일 뿐이옵니다. 거기 집착하여 모두가 파국을 맞이할 수는 없잖습니까?

어; 음; 그렇겠지;;

효고 개항은 당장이 아닌 어떻게든 조금 훗날로 미뤄보겠습니다.

그리고 사태 수습을 위해 막부 로주들에 대한 처분은 근신 정도로 경감해주시는 걸로.

ㅇㅇ;;

그리고 최종적으로
양놈들과 담판!

너님들 요구 조건은
대충 들어드리리다!

올ㅋ

하지만 효고
조기 개항은 무리고
2년 2개월 후 개항하겠소.

안세이 조약에 대한
천황 칙허는?

천황께서 동의하셨음을
조정 명의로 공표함.

도장 찍힌
실제 문서는?

그건 나중에
에도에서 받아보시오.

개항도 당장이 아니고
도장도 당장이 아니면
관세율 조정이라도 당장
수락하셔야겠죠?

으음;;
뭐 그럽시다;;

종래의 종가세(물건 가격에 매기는 관세)에서
종량세(물건 수량에 매기는 관세)로 변경!

$100
가격의 몇 퍼센트.

개당 무조건 얼마.

가격에 따라 계속 오르던 종가세를
물건 수량에 고정시킨 저가 종량세로 바꾸면서
실질적으로 50퍼센트 이상 관세 인하 효과!

사실 이 관세율 조정이
진짜 목적이었지! ㅎ

1865년 11월 24일, 효고 협정이 이뤄지고
서양 함대는 요코하마로 돌아간다.

아, 그리고
시모노세키 전쟁 배상금
300만 달러는 그대로
다 받아야겠습니다~!

쳇

그래, 일본은 약하다!
이 체제는 약하다!

이 체제의 이런 허약함을
천하의 흑심들이 엿보기 전에
강력한 힘을 보여야 해!

이제는 진짜
조슈 정벌뿐이야!!

양놈들 갔나?
양이 Forever!!

치통에
온몸이 다
저려요;;

PS.

일본은 저런 이상한 체제로는
제대로 된 근대국가가 되기 힘들 거야.
어찌어찌 다른 대안을 찾아봐야─

서기관 어네스트 사토우

뭔 소식이기에…

허거덩!!

고베에 계시는 동안
본국에서 소식문들이 왔는데요,
이것부터 보셔야─

**파머스턴 총리
사망??!!**

주께서
그의 영혼을
조심하시길.

1865년 10월 18일,
파머스턴 자작 헨리 존 템플 사망.
향년 81세.

R.I.P. & to be continued

굽씨의 오만잡상

서양 함대가 몰려와 개항을 요구한 효고항은
오늘날 고베시의 중심에 위치한 효고구입니다.
이 효고항을 중심으로 항구도시 고베가 성립되었지요.
고베시가 속한 효고현이 이 효고의 이름을 따서 붙여졌습니다.
마치 충청도 공주시 충청구— 같은 느낌이랄까요.
근데 효고현청은 효고구가 아닌
그 옆 주오구에 있습니다(…).

효고현

고베시

효고구

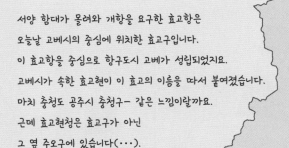

쥬라이 쥬라이~

미식으로 유명한 고베규는
효고 개항 이후, 외국인들이 들어와 살면서
그들이 즐기는 소고기 식문화의
입식으로부터 비롯된 것이라고 합니다.
일본 최초의 근대적 도축장이
고베에 들어섰다고 하지요.

개항 이후 일본의 주요 항구로 잘나가던
고베는 한때 컨테이너 물동량 기준
세계 4, 5위를 오르내리던
항구였습니다.

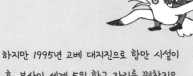

하지만 1995년 고베 대지진으로 항만 시설이
파괴된 후, 부산이 세계 5위 항구 자리를 꿰찼지요.
오늘날 고베는 세계 순위 30위권
밖으로 밀려나게 되었답니다.

제 5 장

For The
Alliance

크아아악! 사쓰마 사쓰레기 셰퀴들!!

원, 오랜 불신을 씻고 동맹을 맺는 일이 그리 쉽게 되겠습니까;;

료마는 새로운 중재안을 제시한다.

오랜 원한을 씻기 위해서는 신뢰 구축이 우선되어야 하지 않겠습니까?

사이고의 약속 펑크로 분노하는 조슈 측에—

흐음?

이를 위해선 경제협력이 가장 좋은 방법이죠! 경협! 경협!

1865년 현재,
막부는 조슈에 대한 무역 봉쇄 조치 중.

일본에서 장사해 먹고 싶으면 조슈랑 거래하지 마쇼!

이 상황에서 사쓰마가 서양 상인들로부터 무기를 대리 구입해 조슈에 전해주면 참으로 감사한 일이 되겠죠.

뀨잉;;
무기 없이 어떻게 싸우지;;

특히 무기는 절대 팔지 말 것!

옛다.
오다 주웠다.

흠; 흠;
딱히 필요는 없지만 일단 받아두지.

그리고 이에 대한 대금으로
조슈가 사쓰마에
쌀을 전달하는 현물 거래!

느그 집엔 이런
쌀 없제?

이 쌀로 밥 지어 먹으면
성악을 잘하게 될 것 같군.

이 계획에 따라
료마의 카메야마 사중이
거래의 중간 대리인 역을 맡아
사쓰마 명의로 글로버 상회로부터
무기를 구입해 조슈에 배달.

로마 씨네 수수료
짭짤하겠군요?

에휴, 돈이 아니라
천하를 위한 일입죠.

그럼 수수료
안 받음?

아니,
천하를 맨입으로
위할 순 없죠.

무기 대금으로
조슈의 쌀을 사쓰마에 배달.

허허,
전쟁을 앞둔 조슈의 쌀을
차마 받지 못하겠구먼.
그 쌀은 전쟁에 쓰라고
전해주시게.

원, 통 큰
정치십니다!

어;; 음;;

국부 히사미쓰는 대인배스럽게 조슈의 쌀을 받지 않고 돌려보낸다.

사쓰마가 조슈를 위해 대리 구입한 무기들 중에는
함선 유니언 호가 있는데—

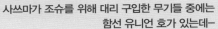

조슈에 배달된 무기는 게벨 총 3천 자루,
미니에 총 4천 3백 자루.

'게벨 총'이라 하는 것은 구식 플린트락 머스킷을
이 시기 일본에서 일컫는 명칭.

이 부싯돌 점화 방식 머스킷은
나폴레옹 전쟁 때 널리 쓰임.

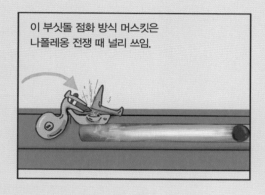

게뷀~

게베루?

일본에는 1830년대 무렵,
네덜란드 상인들로부터
도입되어 게벨 총이라는
명칭으로 알려졌다.

※ (네덜란드어) Geweer: 총.

미니에 총은 그다음 세대 총을 일컫는 말로–

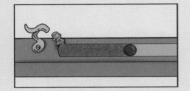

퍼커션 캡 격발 방식과,

미니에 탄을 사용하며,

여기에 더해 강선까지 갖춘 라이플을 '미니에 총'이라 한다.

※ 보통 미니에 총이라고 하면 1853년 엔필드 강선 머스킷이 가장 많이 사용됨.

즉 일본에서 '미니에 총'은
전장식 소총의 최종 진화형을
일컫는 말이죠.

(후장식 소총은
나중에, 다다음 권부터
등장할 예정입니다.)

구식 플린트락 머스킷(게벨 총)은
사거리 70미터 정도만 넘어가도
명중률이 의미가 없어지기 때문에
떼거지로 줄 맞춰 서서 전열을 이루고
라인 배틀을 할 수밖에 없지만,

오와 열!
오와 열!

미니에 총은
사거리 300미터 밖에서도
표적을 명중시킬 수 있기에
개별 사수가 조준 사격으로
싸우는 산병전을 벌일 수 있다.

영점 획득!

So—
조슈 번은 미니에 총을 제식 소총으로 삼아
멀리서 걸어오는 적들을 하나씩 쏴 죽이는
사격 훈련과 산병전하 자율적 임무 수행을
기병대 장병들에게 훈련시켰습니다.

각개전투!
각개전투!

은폐! 엄폐!
은폐! 엄폐!

이리 귀한 미니에 총을 배달해준
료마 씨에게는 감사의 뜻으로
상하이에서 구입한 권총을
선물로 드립니다.

올크갸

사쓰마 놈들이 이리 귀한 총도 보내주고, 쌀도 전쟁에 쓰라고 돌려보낸 걸 보면 확실히 진정성이 있는 것 같아요.

음. 하지만 서양 놈들이 조슈–사쓰마 동맹을 반서양 동맹으로 인식할까봐 걱정이군.

둘 다 서양과 싸운 번들이니;;

이에 상하이 출장 길에 시모노세키에 들른 파크스와 신사쿠가 회견.

조슈는 이제 친영파입니다! 이름도 Joshua랑 비슷하잖습니까. Call me Joshua! 조슈–사쓰마 동맹은 친영 동맹이죠!

ㅇㅋ. 영국은 일본 지방 세력의 정치적 움직임을 무간섭 원칙하에 흥미롭게 관찰 중입니다.

이렇게 영국의 익스큐즈도 얻고–

1866년 3월, 기도 다카요시가 동맹 협약 체결을 위해 교토로 잠입.

나님의 교토 잠행은 이제 상급 닌자 수준이지.

교토의 고마쓰 저택

그런데 저 양반,
오고 나서 며칠째
아무 말도 없이
방에 처박혀 있는데

그건 그렇고 고마쓰 씨,
교토에 이런 저택이
있다니. 부럽네요.

......

어, 우리
처갓집 거임.

원, 조슈 쪽에서 도움을 청하는 입장이다보니
가츠라 씨가 자존심과 체면 때문에
먼저 말을 못 꺼내는 거 아니겠습니까?

이럴 때는 사쓰마 쪽에서
먼저 말을 꺼내는
대범함을 보여주시는 게!

어, 그렇겠구먼.

—하여 사쓰마 쪽에서
먼저 말을 꺼내
회담이 진행되고,

피자 시킬 건데
뭐 좋아하는
메뉴 있으신지요?

아, 예; 뭐;
아무거나;;

아, 근데 되도록
피망 없는 걸로요.

1. 사쓰마는 조슈의 역적 누명을 벗겨주기 위해 조정에서 열심히 구명 활동을 펼친다.

2. 전쟁이 장기화할 경우 사쓰마는 오사카에 2천 병력을 상륙시켜 막부 측을 압박한다.

3. 동맹 이름은 초사 동맹이 아닌 삿초 동맹으로 한다.

1866년 3월 8일, 사쓰마-조슈 간 삿초 동맹 맹약 성립!

일단은 이치카이소 정권의 무력에 대항하기 위한 동맹이지.

향후 장기적인 목적을 어떻게 세울 것인지에 대해서는 차차 생각해보자고.

한편, 막부 첩보망도 옹이구멍은 아니라서 뭔가 수상한 움직임을 감지.

예, 요시찰 인물의 사쓰마 측 접촉이 확인되었습니다.

삿초 맹약 체결 다음날, 료마가 투숙 중인 데라다야 여관으로 막부의 후시미 봉행 수하 관헌들이 출동.

4년 전에 이 데라다야에서 사쓰마 놈들끼리 서로 칼부림이 있었지.

※ 5권 8장 참조.

짭새 떴다아아!!!

료마의 아내 오료가 목욕하다가 뛰쳐나와 관헌들의 습격을 알리고.

탕 탕

으억;; 저 셰퀴 총 있잖아?!

으어어어; 손가락 베었다;;

부상을 입은 료마는 신사쿠에게 받은 권총을 쏴대며 탈출.

료마는 아내와 함께 사쓰마로 도망가 가고시마의 온천들을 순회하며 요양.

이를 일본 최초의 신혼여행이라 일컫기도 하죠. ㅎ

MEANWHILE

삿초 맹약이 성립된 1866년 3월,
히로시마에서는 막부와 조슈 간의
최종 담판이 진행 中.

1. 10만 석 분량 영지 할양!
2. 번주 부자 사죄 상경!
3. 조슈 번주 은퇴·칩거!

1. No!
2. No!
3. No!

당신 협상하러
온 거 아니지?

조슈 대표
중역 시시도 타마키

막부 대표
로주 오가사와라 나가미치

사실 시시도 타마키는
협상에 임하기 전,
조슈 측의 프로파간다
팸플릿을 대량 인쇄 & 배포.

이거 빨리 좀
찍어주게.

아, 예, 몇 부
찍을까요?

36만 부.

예???!!;;

長防士民合議書

조슈(나가토·스오)사민합의서
長·防

36만 부(는 뻥이고 실제로는 몇천 부 정도)를 찍어 조슈 전역에
배포한 〈조슈사민합의서〉는 전쟁을 앞둔 민심을 안정시키고
거국적인 항전 의지 고취를 위한 20쪽 분량의 팸플릿.

저 아코 무사들처럼 우리 조슈도
억울하게 뒤집어쓴 죄에 항거해
싸우는 정의의 주인공이다!

서민들에게 친숙한
추신구라 사건을 예로 들면서
조슈의 억울함과
항전의 정당성을 설파한다.

오, 이해된다.

유럽 국민국가의
대중 선동 동원
흉내내나.

우리는 본가와
죽어도 함께 죽고
살아도 함께 산다!!

막부는 조슈의 3개 지번에 대한
분열 모략을 획책하지만 실패.

천하의 막부가
이런 더러운
수작질이냐!

...

에잇!;; 어리석은 역적 놈들!! 다 쓸어주마!!

서일본 모든 번들에 조슈 정벌 동원령 발령!!

이미 삿초 맹약을 맺은 사쓰마는 동원령을 거부.

아, 저기, 잠깐. 우리는 못 가겠소이다.

으잉?! 어디 아파?!!

○○ 마음이 아파서요.

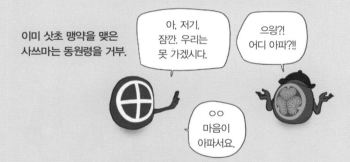

사쓰마의 동원 거부를 놓고 막부 로주 이타쿠라 가스키요와 사쓰마의 오쿠보 도시미치 간에 성명서 키배가 벌어지기도.

조슈 정벌은 막부의 어명이자 조정의 칙명이기도 한데, 사쓰마는 둘 다 씹으며 조슈처럼 역적이 될 셈인가?!

어명

조슈 정벌은 이치카이소 정권과 조슈 간의 사사로운 싸움일 뿐! 칙명은 요시노부가 천황을 등에 업고 멋대로 만든 휴지조각일 뿐이외다! 님, 조조 알아요? 조조?

정벌군 사령관 기슈 번주 **도쿠가와 모치쓰구**(21세)

모치쓰구는 이에모치의 베프.

쇼군의 지휘봉을 들고
이 진바오리를
걸치도록 해.

황공하옵니다;
근데 사이즈가
맞을런지;

공격 개시를 앞두고 조슈 협상 대표
시시도 타마키는 히로시마의 감옥에 투옥.

협상 사절을 잡아 가두다니!
천하의 막부가
이래도 되냐!?

어차피 그쪽 분들 나중에
다 같이 배 그을 거니까
상관없잖아요?

배는 ㅅㅂ,
곧 막부 배때지가
찢어지는 꼴
똑똑히 봐둬라!!

조슈 정벌군은
4방면에서 동시 진군.

이와미 방면

이와쿠니 방면

히로시마

나가토

하기

야마구치

이와쿠니

시모노세키

스오오시마

마쓰야마

후쿠오카

시모노세키 방면

스오오시마 방면

(때문에 이 전쟁을 4경계 전쟁이라 부르기도)

1866년 7월 18일, 스오오시마 섬에서
막부 함대의 첫 포성이 울리다.

당시 일본 최대 함선 **후지산마루**

드디어
시작되었나!

막부 함대 전력이
만만찮을 텐데;;

그런 고로— 계약에 따라
자네들 카메야마 사중도
이 유니언 호를 몰고 전투에
참전해줘야겠네.

헉, 그런 조항이
있었나;;

음. 그런 시시한 얘기 말고,
왠지 일본인들의 전쟁은
이제 막 작은 불꽃이 살짝 피어난 느낌이야.

이 불꽃이 점차 다음 불꽃,
다음 불길, 화염으로 이어지며
온 세상을 태워 먹을 것 같은
느낌적 포텐이 느껴진다랄까…

오옳키!
그러면 더더욱 대박이죠!!
저 무기 재벌되는 건가요?!

물론 그런 큰 그림에
너님 같은 변방 무기상이
끼어들 자리는 없을 거 같다만.

(글로버 상회는 4년 후 파산)

제 6 장

Four
Borders
War

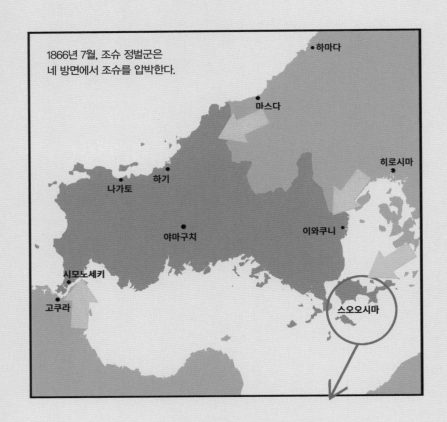

1866년 7월, 조슈 정벌군은
네 방면에서 조슈를 압박한다.

하마다

마스다

히로시마

하기
나가토

야마구치

이와쿠니

시모노세키

고쿠라

스오오시마

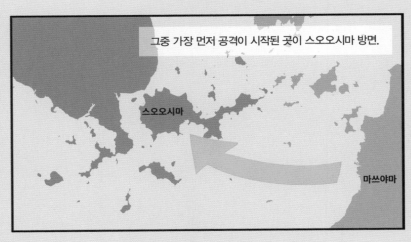

그중 가장 먼저 공격이 시작된 곳이 스오오시마 방면.

스오오시마

마쓰야마

7월 18일, 막부 함대의 포격을 시작으로,

7월 19일,
마쓰야마 번병이 주력인 정벌군이 스오오시마에 상륙.

조슈 놈들과는
어장 문제 때문에
사이가 안 좋았지.

섬의 조슈 무사들은 변복하고
섬 주민들 사이로 숨는다.

으어;
일단 살고 보자;

큰소리 뻥뻥 치더니만
부끄럽게시리…

이에 정벌군은
역적 색출을 이유로
섬 주민들 학살을 자행.

역적 놈들 안 내놓으면
이 섬 주민
다 죽을 줄 알아라!

조슈 번정은 원래 스오오시마를
그냥 포기하려 했지만 스오오시마에서
학살 소식이 전해지자 방침을 바꾼다.

백성들과 함께 싸우자
해놓고선 백성을 버린다면
이 전쟁을 어찌 치르겠소이까!

음. 섬을 수복할
방책이 있으려나…

굳이 인정 때문이 아니더라도,
스오오시마의 적을 치는 것은
적 함대의 주의를 분산시키고
기동력을 약화시키는
효과가 있을 것입니다.

조슈 해군 총독 다카스기 신사쿠

114

신사쿠는 전쟁 발발 직전,
나가사키에서 구입한
증기 콜벳 헤이인마루를 몰고
스오오시마行.

최신형
암스트롱 포
3문 장착!

7월 23일 밤, 스오오시마 북쪽 해안가에 정박 중인
막부 함선 두 척 발견.

기도비닉을 유지하고
접근해서 Boom!!

조슈 놈들의
기습이다!!
엔진 시동!!

으어; 증기 기관은
엔진 시동 걸리면
반나절은 걸린다고요;;

기습에 놀란 막부 함대는 헤이인마루를 추적하기 위해
스오오시마 수역을 벗어나 이리저리 헤매고.

아오,
이 세토내해 다도해는
진짜 뱃길의 미로야;;

그 틈을 노려 7월 26일,
조슈 병력 500명이
스오오시마에 상륙.

기병대는
해병대 노릇도
잘하지!

조슈군의 우월한 화력에 정벌군은 패퇴.

미니에 총 사기템이네!!

섬 주민들도 돌을 던지며 조슈군에 합세.

꺼져라! 양민 학살범 놈들!

결국 7월 28일, 정벌군은 마을에 불을 지르고 스오오시마에서 철퇴한다.

!@$#;; 악역 노릇만 하고 패주라니;;

어; 우리만 진 게 아니니까 괜찮을지도;

만세!!

4경계 전쟁의 4전선 중 한 개 전선에서 일단 승리!!

다른 전선은 어떻게 진행 중이죠?

정벌군 사령부가 있는 히로시마로부터
주력이 전개될 이와쿠니 방면.

히로시마

하기

나가토

야마구치

이와쿠니

시모노세키

고쿠라

스오오시마

이 이와쿠니 방면에 동원 가능한
서일본 각지 번들의 총병력은
무려 5만에 달한다고 알려져 있다.

山

히로시마 성

山

山

山

이와쿠니

山

하지만 와야 오는 거지;
아직까지는 히로시마에
모인 병력이 그리
많지 않아요;;

유격대 총독　이노우에 가오루
카와세 마사타카

히코네 군은 코제카와강 도강에 나서는데―

매복해 있던 조슈 소총병들의
미니에 탄 세례.

조슈 병들은
강 건너 숲까지 가서
매복해 있었기에
히코네 병들은
사방 팔방에서 쏟아지는
십자포화에 난타당한다.

코제가와강에서 히코네군은 궤멸당하고,

뒤따라오던
다카다 번 병력은
히코네군의
패주를 목격하고
그대로 유턴해서
고향으로 돌아간다.

다카다 번뿐 아니라 다른 번들도
병력을 뒤로 물리고.

심지어 히로시마 번까지도
전투 참여 곤란 의사를
내비친다.

기세가 오른 조슈군은 코제가와강을 건너 진격.

하지만 얼마 못 가서—

정벌군 사령관인 기슈 번주 모치쓰구의 직할 기슈 병 수백 명이 조슈군을 저지.

우리 기슈 번도 미니에 총 든 서양식 총병 양성했다!!

시쥬핫사카에서 조슈군의 진격은 저지당하고,

히로시마 성

이와쿠니

이와쿠니 방면 전황은 그곳에서 전선이 고착된 채 소강 상태가 이어진다.

기슈는 요시노부한테 설설 기슈?

말장난 언어를 보아하니 조슈 놈들, 역시 자이니치가 틀림없구나.

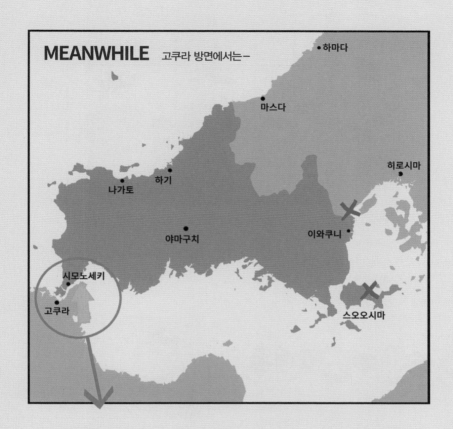

정벌군이 고쿠라에서 간몬 해협 너머 시모노세키를 노리고 있다.

이곳에서는 막부 로주
오가사와라 나가미치(규슈 가라쓰 번)가
정벌군 사령관을 맡은 가운데,

막부 직속
천인대 병력도 도착.

로주 오가사와라 나가미치　　**천인대 대장 사이토 즈쇼**

사쓰마를 제외한 규슈 여러 번의 병력도 집결해
2만 병력의 진용을 갖춘다.

하지만 다들
별로 의욕은 없고…

조슈랑 사이 나쁜
고쿠라 번만
의욕 충만.

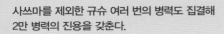

조슈를
조셔버리자!

그리 병력은
모아놨지만—

으음;; 시모노세키에
어떻게 상륙해야 할까나;;

조슈 함선들을
완벽히 없애지 않은 채
상륙 작전을 진행하는 건
좀 위험하지 않을까;;

오가사와라는 해협을 건널
작전을 짜지 못한 채 우물쭈물.

아, 거, 그냥 확 건너가서
한판 싸우고 끝내든지!
조슈와 화평 교섭에 나서든지!
이리 시간만 질질 끌고 앉았으면
애들 밥값은
막부에서 내줍니까!?

**구마모토 번 사령관
가로 나가오카 켄모츠**

거, 너님은 병법도 모르고
예의도 모르고,
나도 너님 모르니까
말 걸지 마쇼.

가장 많은 병력을 보낸 구마모토 번 사령관과
사이가 틀어져 협조를 구할 수 없게 된다.

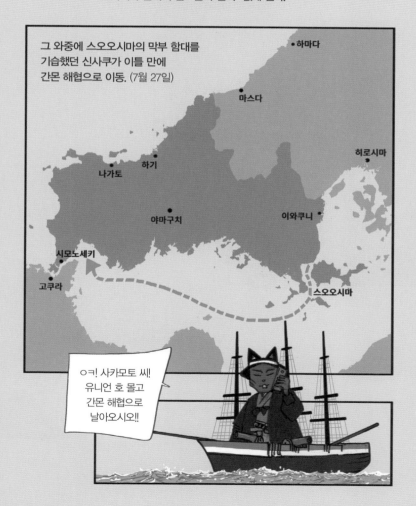

신사쿠는 간몬 해협의 거세고 변화무쌍한 조류를 이용해 막부 함대를 따돌린다.

강력한 막부 함대와 정면 대결하는 건 어리석은 일이죠!

으어;; 조류에 농락당한다;;

시모노세키

히코 섬

고쿠라 성

모지? 모지?

7월 28일, 조슈군 수백 명이 모지에 기습 상륙.

상륙! 약탈! 도주! 바이킹 놀이 꿀잼슴!

으어어어! 적 3만 대군(?)이 상륙했다!!!

근데 이 기습 때, 모지에 주둔 중이던 막부 천인대 대장 사이토 즈쇼가 혼자 부대를 버리고 도망가는 사건 발생.

이 추태에 규슈 제번, 대경악.

망조를 느낀 여러 번은 슬금슬금 병력을 빼기 시작한다.

고쿠라 번만 홀로 전선을 지키는 형국이 된다.

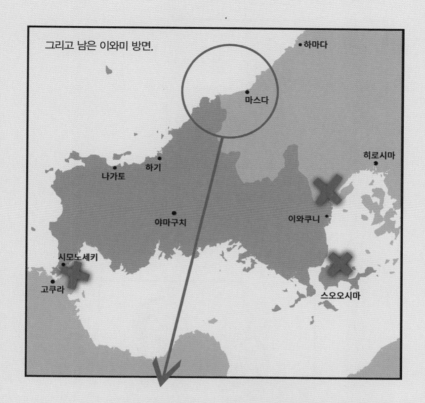

그리고 남은 이와미 방면.

하마다

마스다

히로시마

하기

나가토

야마구치

이와쿠니

시모노세키

고쿠라

스오오시마

서일본 산인도의 여러 번은 병력을
3만 정도 모을 수 있다고 여겨진다.

하마다

마스다

나가토

하기

이에 맞서는 이와미 방면의 조슈군은
오무라 마스지로가 지휘하는 병력 700여 명.

이와미 방면 사령관
오무라 마스지로(42세)

오무라 마스지로는 조슈의 시골 의사 가문 출신으로
일찍이 나가사키의 나루타키 의학원에 유학,
서양 의술과 난학, 밀리터리 등을 깊게 익히고.

그 소양을 인정받아 우와지마 번에
스카웃되어 일본 최초로 자체 설계
증기선 제작에 성공한다(1855년).

번주
다테 무네나리

1856년에는
서양 밀리터리 소양을 인정받아
막부의 신식 군사학교인
강무소의 교수로 스카웃된다.

그 명성을 접한
기도 다카요시가
오무라를 찾아오고.

그리하여 1861년부터 조슈 번에서 군사학과 서양 학문을 강의.

미국 내전에
물 밑으로 가는 함선이
등장했다고 한다!

미국 안 가봤다고
SF 드립 막 던지시네.

조슈군의 서양식 군제 개혁과 훈련, 조직에 매진.

그 밖에 대외 교섭, 밀무역,
상하이 파견 업무,
제철소, 공장 건설 등의
과업들을 맡는다.

그리고 이 4경계 전쟁이 터지면서
이와미 방면군을 맡아
군을 지휘하게 된 것이다!!

책상 위의 이론을
필드의 현실로!!

아니, 그래봤자
700명 가지고
뭘 어쩌시려고;;

적은 이쪽 방면에 3만을 동원한다는 소문이 있던데요;

역시 우리 땅에서 우월한 소총으로 저격질하며 게릴라전 가야죠?

……

제군은 내 수업 시간에 나폴레옹에 대해 자주 들었을 것이다….

나폴레옹의 전쟁이란!!

공세!!! 오직 공세!!!

나폴레옹 이래 전쟁사에는 오직 진격만이 있을 뿐이다!!!

1866년 7월 26일, 오무라군 700. 이와미로 진격 개시.

굽씨의 오만잡상

양덕들은 대개 닌자·사무라이에 환장하는 와패니즈 속성을 지니고 있고,
그 기질이 바람직한 방향으로 걸작을 만들어낸 것이 바로
토탈워 시리즈의 첫 작품인 '쇼군:토탈워'라 하겠습니다.

위아부~!

영국의 게임 제작사인 CA(Creative Assembly)가
제작한 전략 전술 시뮬레이션 게임 토탈워는
전략 맵에서는 문명, 유로파 스타일의 대전략
플레이를 즐길 수 있고, 전술 맵에서는 수천 유닛을
움직이며 마치 진짜 전투 현장을 지휘하는 듯한
RTS 플레이를 즐길 수 있습니다.
이 토탈워 시리즈의 첫 작품이 일본 전국시대를 다룬 '쇼군:토탈워'였던 거지요.

이후 미디블 토탈워, 로마 토탈워, 토탈워 엠파이어, 토탈워 나폴레옹 등으로 시리즈가 이어지다가
2012년 토탈워 쇼군2의 확장팩 '사무라이의 몰락'이 나왔습니다.
'사무라이의 몰락'은 바로 이 책에서 다루고 있는 막말 유신 동란기를 배경으로 삼았지요.
미니에 총, 암스트롱 포뿐 아니라 개틀링 기관총까지 등장해서, 창칼을 들고 달려오는
사무라이들을 순식간에 갈아버릴 수 있습니다. 뭣보다 유신 웅번이든 막부든 다 쓸어버리고
공화국 일본을 세울 수 있다는 게 가장 좋은 부분이 아닐까 싶습니다.

2019년에 발매된 토탈워 시리즈 최신작인 '토탈워:삼국'은 동양인들에게 친숙한
《삼국지》를 배경으로 하고 있습니다. 시리즈 사상 최고의 흥행을 기록했지요.

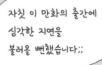

자칫 이 만화의 출간에
심각한 지연을
불러올 뻔했습니다;;

아니, 근데
왜 일본어판은
발매 안 하는 겨?!

심지어 본사는
SEGA

제 7 장

End Of The Beginning

여러 사무라이 클랜들을 모아
큰 전쟁을 벌일라치면 말입니다…

일단 어느 편이든 간에
클랜들은 눈치를 봅니다.

누가 누가
이기나~

파이팅~!

뭔가 한쪽 편에 승기가 보인다 싶으면,
그때서야 비로소 움직이며
승전 버스에
무임승차하고자 하는 것이
사무라이 클랜들.

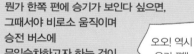

오오! 역시
우리 편!!

이럴 줄 알고 열심히
응원했습니다!

이쪽 편에
뭔가 패색이 감돈다 싶으면,
냄새를 맡자마자
미련 없이 뒤도
안 돌아보고 내빼죠.

내 이럴 줄
알았다!!

워~ 워~ 우리 클랜은
그쪽한테 총알 한 방도
안 쏜 거 기억해주세요~

저런 얄미운 모양새가
나올 수밖에 없는 건,
사무라이 클랜 군대는 기본적으로
그 번의 작은 지역 풀 안에서
혈연·지연으로 촘촘히 엮여 있는
Family 군대이기 때문이죠.

우리랑 별 상관도 없는
전쟁에 끌려와서
저 미트 그라인더 안으로
우리 애들을 갈아 넣을까보냐;;

만약 막부의
부름으로 불려간 전쟁에서
클랜 지휘관이 쓸데없이
전의를 불태우며
클랜 병력을 축낼 경우에는
고향에 돌아가서
어르신들에게
뒤지게 맞겠죠.

이 미친놈이
공명에 눈이 멀어서
우리 애들을 다
갈아부렀어야?!

전쟁이 그렇게 좋냐?!
호전광 싸패 세퀴야!!

저 미트 그라인더로 아낌없이 병력을
밀어 넣을 수 있는 지휘관은
중앙집권제 국가의 지휘관일 테고,
기꺼이 그리 행진해 들어갈 병사들은
근대 국민군 병사들이겠죠.

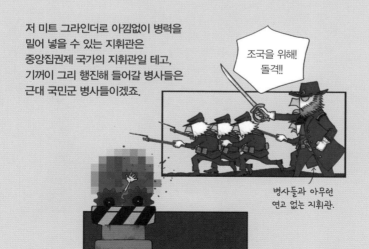

조국을 위해!
돌격!!

병사들과 아무런
연고 없는 지휘관.

뭐, 이 조슈 정벌에서
제번 병력들의 졸전은
그런 맥락에서
이해될 수 있지 않나− 싶습니다.

오사카城

그렇다고 저 미국 내전에서와 같이
끔찍한 대량 살상을 부르는 근대 국민군이
일본의 바람직한 미래는 아니겠죠?

전쟁은 언제나 뻘짓일 뿐이니−

그 근대 국민군을
빨리 만들고 싶다는 마음만
더욱 간절해지오만…

복직한 군함 봉행
가쓰 가이슈

지금으로서는
일단 웅번의 도움을
바랄 수밖에 없으니.

가쓰 공이 사쓰마에 가서
조슈 정벌을 위해 병력을
좀 움직여줄 것을 청해주시오.

에엑??! 사쓰마를
그리 손절해놓고 이제 와서
손을 빌린다고요?!

그 국부 양반한테는
미안했다고 전해주고.
정치에는 영원한 적도
영원한 친구도 없−

빈정 상한 데는
그 드립 안 통할 걸요;

So—
히사미쓰 공을 그리 쳐낸 건
실수였다고 인정하시는 거죠?
각하의 실책 ㅇㅈ? ㅇ? ㅇㅈ

. . .

막부 함대의 졸전에
군함 봉행의 책임이
있다는 거 인정?
함대 개판
ㅇㅈ? ㅇ? ㅇㅈ?

사쓰마行
쾌속선 편으로 속히
다녀오겠습니다.

8월, 가쓰 가이슈, 막부 특사로 사쓰마行.

조슈를
쳐달라고요?

가고시마城

아이고.
우리 요시노부 공께서
그리 미안해하며
간곡히 부탁하시는데
내 웬만하면 꼭 들어주고 싶소만—

(읗컹쿨폽ㅋ)

(표정 관리
표정 관리)

이럇샤이~
하이 패쓰 통과~!

땡큐!
아리가또!

親조슈 인사들이
번정을 장악한 쓰와노 번은
중립을 선언하고
조슈군에게 길을 열어준다.

하마다

마스다

쓰와노

하기

개천 너머에서 총을 쏴대는데
건너가기 어렵지 말입니다;

이날 중으로 하마다 번으로 진입할 때,
번 경계의 개천 너머로 하마다 번병과
후쿠야마 번병의 응전으로 진격이 지연된다.

그래봤자
구식 게벨 총
아닌가!

니 @#&가 ■■#*$ 잘 도$#&%
개@■■$% 쓰$#%조ㅅ ㅠ!※
#$&■%까고 ●※!!

천 너머의
적병을 향한 저격과 함께,
오무라가 심한 욕설과
패드립으로 병사들을 몰아세워
개천을 건너게 하니,
적병은 바로 패주.

신묘한 군략이
저거였나?!

그리 개천을 다 건너간 후에
개천에 가교를 설치.

아니, 어째서
이미 개천 다 건넌 후에
다리를 만드는 거죠?

"갈 때는 힘들게 가도
올 때는 편하게 와야지."

—라는 교훈적인 일화를 남긴다.

오무라군의 진격에 하마다 번 급당황.

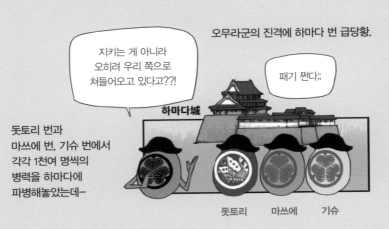

지키는 게 아니라
오히려 우리 쪽으로
쳐들어오고 있다고??!

패기 쩐다;;

하마다城

돗토리 번과
마쓰에 번, 기슈 번에서
각각 1천여 명씩의
병력을 하마다에
파병해놓았는데—

돗토리   마쓰에   기슈

일단 하마다 번부터
사기가 무척 낮았으니—
하마다 번주가 와병 중인지라
연합군의 센터로 나서길 꺼려 했고.

어, 형님네 번에서
연합군 센터 맡아주시면
안 됨?

하마다 번주 마쓰다이라 타케아키라
요시노부의 동생(입양 감)

142

톳토리 번주 이케다 요시노리
요시노부의 이복형(입양 감)

하마다 번에서는
갑작스러운
제번 병력의 진주로
쌀값 등 물가 폭등.

하마다 백성들은 이 전쟁에 불만 팽배. 폭동 발발 직전.   간첩

소규모 수비 병력들을 계속 격파하며
하마다城을 향해 진격해오는 조슈군.

결국 제번 연합군도
이를 요격하러
나서지 않을 수 없게 되고.

센터 선봉에 서는 건—
가나다순으로 해서
기슈 번병이 먼저
앞장서시죠.

일본인데
왜 가나다순이냐;

히라가나순으로 해도
기슈가 먼저죠.

그리하여 기슈 번병 1천여 명이 앞장선
제번 연합군 3천이 오오사산에
진을 치고, 이를 조슈군이 공격.

하마다

오오사산

마스다

공격!!!

8월 24일,
조슈군과 기슈군 간의 오오사산 전투.

미니에 총의 우월한 성능!
조슈 총병의 사기적인 에임!
총격전은 무조건 우리가 이긴다!

미니에 부심 자제좀요!
우리도 미니에 총이다!!

이와미 방면 기슈군 지휘관 **안도 나오히로**

기슈 총병들이
나름 열심히
총질을 했는데−

으윽;; 총알이
오링 났습니다!!

크윽;
이리 길게 여러 발 쏘는
총격전은 미처 예상
못 했구나;;;

다른 번 놈들한테
탄약을 빌리는 건−

빌리려 해도 이 촌놈들
구식 게벨 총이랑
우리 미니에 총 탄환
구경이 안 맞아요!!

기슈군은 그대로 후퇴, 하마다성을 지나
하마다 번 밖으로 철수한다.

음?

으어?

어; 음, 집에 가서
탄약 챙겨와야겠네요;
(거짓말)

아니, 저기;
님들;

이에 뒤에 있던 돗토리군과
마쓰에군도 따라서 철수.

아, 집에 가스불
안 끄고 왔네요;

〈녹두꽃〉
마지막 회
본방 사수해야;

결국 8월 26일, 하마다 번주 일가와 번 수뇌부,
하마다성에 불을 지르고 마쓰에 번으로 도주.

성이 불타면 싸울 일도 없으니
백성 여러분은 안심하고
생업에 종사해주십시오!

하마다

1866년 8월 27일,
조슈군에 의해 하마다城 낙성.

마스다

내가 일본의
나폴레옹이다!

만세!!

반자이!!

이후 하마다 번은 유신이 끝날 때까지 조슈 번의 지배하에 놓인다.

MEANWHILE

다른 전선들에서는—

```
                                    •하마다

                    •하기            •히로시마
          나가토
              야마구치•        이와쿠니•
    시모노세키
        고쿠라

•후쿠오카
```

이와쿠니 방면에서는 조슈군이
부라쿠민까지 동원하며 전선을 강화.

고쿠라 방면에서는 신사쿠가 HIT & RUN 전법으로
모지 반도 곳곳에 계속 돌려깎기 공격을 감행.

그러다가 8월 12일, 오사토 전투에서,

으어어어! 배 상하면 아까워서 어쩌지?!

양측 함대 간의 본격적인 포격전 발발.

꾸르릉

하지만 양측 포수들의 숙련도 미숙으로 딱히 서로 큰 피해는 주지 못한다.

휴; 봐줬다.

서로 열심히 싸운 척하자고.

9월 5일, 조슈병 800명이 모지 반도에 본격적으로 상륙.

No more 깔짝! 이제는 한타다!!

시모노세키

고쿠라

모지 반도

BUT, 오오타니를 지키고 있던 구마모토군에 막혀 패배.

으엌; 쟤네는 좀 세구나;;

우리도 암스트롱 포 있다!!

두둥

구마모토군이 오오타니에서 조슈군을 무찌르긴 했지만,
막부군과 제번으로부터 어떠한 협력도 없었던지라 전과 확대에 실패.
조슈군은 그대로 무사히 해협 건너로 도주.

빡친 구마모토군은 그대로 全병력,
전역을 이탈, 구마모토로 돌아가버린다.

이에 이미 슬금슬금 병력을 빼고 있던
다른 번들도 모조리 全군 철수.

그리하여 전장에는 자기네 땅이 전쟁터인
고쿠라 번병만이 홀로 남게 된다.

제번 숯병력 철수에 놀란
고쿠라군 지휘관 다나카 마고베이가
9월 8일, 막부군 사령관
로주 오가사와라의 막사를 급히 방문.

로주 어르신!
왜 우리밖에
안 남은 건가요?!!

BUT 막부군 사령관 로주 오가사와라 나가미치도
간밤에 함선을 타고 오사카로 야반도주.

띠요오오옹!!!

자리비움

사요나라

아니 @#$^#$%^&
막부의 로주라는 인간이
야반도주라니?!!?
우리만 오리알 돼봐라?!
무사도가 붕괴한다!!!

아니, 저기, 사실은
로주 어르신이 급히
귀환해야 하는 급보가
오사카로부터 전해져서요;;

뭔 급보??!

오사카城

저으은하아아아아~!!!

...

늦은 아침에

흐린 거울 엿보며‥

…이불을 갠다

1866년 8월 29일, 14대 쇼군 도쿠가와 이에모치
각기충심으로 사망. 향년 20세.

뭣보다
무너져가는 막부를
개혁하고 다잡아서,

이 나라를
천하 난세에서
구해내야죠;;

어;; 음...
각하?

· · ·

원, 각하께서도
생각할 시간이
필요하잖겠습니까?

재부팅 되려면
시간이 좀 걸릴 테니까―

제 8 장

파머스턴의
추억

1865년 10월, 제37대 수상 헨리 존 템플 파머스턴 자작의 장례식이 웨스트 민스터 성당에서 국장으로 치러지다.

뉴튼   넬슨   웰링턴에 이은 역대 네 번째
비왕족 국장이었다.

아이고, 국장 품격 떡락하네;;

우리의 올드 프렌드, 파머스턴 자작 헨리는 이 나라에 너무나 소중한~

미친 노인네였지.

재무부 장관 글래드스턴   후임 총리 러셀 백작

아, 좀…;

그렇습니다! 그는 대영제국에 미친 노인네였습니다!

그는 역사상 최초의 리버럴 정당을 탄생시키고
우리 모두를 자유주의의 대업으로 이끈 세기의 大정치가였습니다.

1859년, 자유당 창당.

자유주의 정치인으로서
파머스턴은
정치에 봉사하는 동안
몇몇 굵직한 업적을 남겼습니다.

1832년,
1차 선거법 개정에 참여.

도시 중산층이 선거에
대거 참여하게 되었죠!

1832년, 가톨릭 해방에 참여.

영국에서 더는 종교에 의한
차별은 없는 걸로!

1853년, 청소년의 야간 노동 금지법 통과.

성장기에는 잘 때 자야
키가 크죠.

ANYWAY-

파머스턴은 사상적으로 에드먼드 버크의
충실한 계승자였습니다.

이 세상의 한쪽에서는 급진주의 폭도들이 이렇게
세상을 불태우려는 혁명 놀음을 선동하고 있다.

세상의 또 다른 한편에서는 중세적 전제군주정들이
사람들에게 굴종을 강요하며 인간의 존엄성을 짓밟고 있다.

그 밖에 문명의 세례를 받지 못한 우가우가 종족들.

그렇게 폭도들과
전제 군주들과
야만인들의 세상에서
오직 영국만이 홀로 침착한
이성과 인간 존엄으로
문명의 등대를
수호하고 있는 것이다!

저런 세계관 감수성 위에서
파머스턴은
세상 모든 나라를 다 멸시하는
특유의 대외정책을
펼쳐나갔던 것입니다.

일단 대외 정책의 제1목표는 러시아를 막아라!

THE GREAT GAME!!

저 곰 셰퀴가 거대한 우리를
탈출하게 두면 안 된다!

북해! 흑해!
중앙아시아! 극동!
다 틀어막아라!!

난 영국 싫어한 적
없는데 왜 ㅠㅠ

그리고 오스만 제국은 붕괴해선 안 된다!
중동에 힘의 공백이 생기면 골치 아플 것.

1840년, 이집트 총독 무함마드 알리가
프랑스의 부추김을 받고 이스탄불로 진격하자—

안 된다!!

다마스커스

알렉산드리아

예루살렘

카이로

외무부 장관으로서 파머스턴은 강력 개입을 주장,
함대를 보내 알리의 야망을 꺾고 오스만 제국을 구해낸다.

1854년에는 오스만 제국의 패망을 막기 위해
프랑스와 연합해 러시아에 맞서는 크림전쟁을 벌인다.

1859년, 이탈리아 통일전쟁에 나선 사르데냐에는
직접 개입은 안 했지만, 간접적으로 은근슬쩍
자금과 무기 조달 등의 편의를 봐준다.

하지만 유럽의 다른 자유주의 운동들에 대해서는 동정심만 표할 뿐, 실제 도움은 하나도 주지 않는다.

어우야; 저런;
어뜨케 ;ㅁ;

아, 근데 님들 런던으로 망명 오지 마셈. 방값 비쌈.

1848
독일 3월 혁명 실패

쿠지꾼

1863
폴란드 무장봉기 실패

1864년의 2차 슐레스비히 전쟁 때는―

덴마크가 프로이센·오스트리아 연합군에게 탈탈 털리게 되었는데―

코펜하겐

슐레스비하 홀슈타인

베를린

런던

아 놔,
매칭 똥망;

영국이 발트해에 함대 보내면 우리도 라인강에 군대 배치할게요;;

프랑스가 라인강에 군대 배치하면 우리도 발트해에 함대 보낼게요;;

프로이센을 견제하기 위해 영국과 프랑스는 서로 먼저 움직이라고 미루다가 결국 아무도 움직이지 않는다.

덴마크가 항복하고 뱉어낸
슐레스비히 홀슈타인에 대해서는—

이 땅들은 독립시켜서
연방 회원으로 만들 거지?

아니, 내가
그냥 먹을 건데?

?!?!

마르크ㅋㅋㅋㅋㅋ
앞으로 유럽 게임판은
프로이센이 설계한다.

Otto Eduard Leopold von Bismarck

그 무렵, 파머스턴의 관심은 독일발 격변의 전조보다는
바다 건너 신대륙을 향하고 있었습니다.

미개한 놈들이
미개한 문제로
미개하게 싸우나니—

1861년 4월, 미국
남북전쟁 발발.

북괴 양키
꺼져라!!

어우; 인간 말종
노예 상인 극혐!!

166

파머스턴은 '아이리시 음모론'을
철석같이 믿었기 때문에
평생 미국에 대한 미심쩍은 시선을
거두지 않았습니다.

파머스턴 자작가는
아일랜드의 영국계 개신교
귀족 가문이라, 나님이
아일랜드 놈들 속을 잘 알지;;

아이리시 음모론에 따르면,
아일랜드인들이 계속 미국으로 건너가 그 인구를 늘려서―

미국을 점차 아일랜드化 하고―

민주주의 체제에서는
숫자가 곧 세력이지.

미국을 움직여서 영국에 선전포고!
캐나다를 정복하고,
아일랜드를 수복하려 한다는 것!

진격!! 양키 인베이젼!!
런던을 쑥대밭― 아니
클로버 필드로 만들어주마!

히엑;;

뭐, 꼭 그런 음모론 때문은 아니더라도,
악연 깊은 미국이 더 강대해지기 전에
쪼개지는 게 영국의 국익에 부합할 일이죠.

그리고 남북전쟁으로 인해 영국의 면직 공단에
남부의 면화 공급이 끊기면서 큰 손실 발생.

면직 업계는 영국 정부에 미국 내전 개입을 강력하게 요구.

그리고 남북전쟁으로 미국이 멕시코에 신경 쓰지 못하는 틈을 타
프랑스는 멕시코에 군대를 보내고 괴뢰정권을 수립한지라,

막시밀리아노 황제

후훗

프랑스는
멕시코를 먹기 위해
미국 분단을 바라며
영국에 남북전쟁
공동 개입을
계속 꼬드긴다.

어휴, 저 양키 놈들 미친
내전 벌이는거, 유럽 형님들이
정리 좀 해줘야 않겠음요?

겸사겸사 싸움
중재 수고비도
좀 챙기고. ㅎ

심지어 글래드스턴도 남북전쟁 개입을 지지.

저리 수만 명씩 죽어나가는 내전,
인도주의적 입장에서 서로 인정하고
휴전하도록 중재해압죠~;

억, 노예주들 편드는
'인도주의'ㅋㅋ

친인척이 남부·서인도 제도
노예 농장들과 사업적으로 엮여 있음.

Benjamin Disraeli

뭣보다, 전쟁 초기에 큼지막한 사건이 하나 터졌으니─

영국 우편선 **트렌트**   미 해군 프리깃 San 하신토

San 하신토 함장
찰스 윌크스 대령

그렇게 강제 검문·수색 결과,
남부연합에서 영국으로 향하던
남부 외교사절 두 명을 체포·압송한다.

이 트렌트 호 사건 소식이
런던에 전해지자
여론은 분노로 들끓는다.

양키 놈들이
간덩이가 아주
푸아그라야!!

대영제국 함대 앞에서
양키 해군 따위
초딩 물장난일진데!

WAR!!!

영국이 정색 빨자
미국은 몇 주 후에
남부 외교 사절들을
석방해 영국으로
보내주긴 했지만—

거, 참 뭐 별거
가지고 다 난리네.

사과문은?
재발 방지 약속은?
그 건방진 함장 징계는?

그런 건 없다.

파머스턴 영감 성깔 같아서는 당장
뉴욕에 함대 보내서 포격부터 갈길
느낌이었는데, 저 좋은 기회에 움직이지
못했던 이유가 있었으니—

옳쿼쿼쿼킴킬흘룰쿨쿨쿨~♫
캐나다에 동원령!! 물자 집적!
포츠머스에 함대 집결!!!

여왕 폐하~!
폐하의 군대에
어명을~!

그 여러 이유 중에 가장 먼저
브레이크로 작동한 요인은—

WAR
PLAN

트렌트 호 사건 3주 뒤인 1861년 12월 14일,
여왕의 남편 **앨버트 공 사망.**

일단 국상 분위기 속에서 전쟁 이야기를 밀 수가 없었고.

그리 어영부영 몇 개월이 지난 후─
1862년 9월 22일, 링컨 대통령,
노예해방선언 발표.

그리고 양키 놈들과 사이가 틀어져
교역이 중단되면 손해가 막심합니다.
우리 먹을거리도
미국에서 꽤 많이 수입해오는지라;

흠;;

영국 면직 공업에 필요한
면화는 이집트·인도 등지에서
대체 수급 성공.

혁;;

노예 노동 면화 아닌
공정 노동 착한 면화
판매합니다~

이때 사쓰마도
일본 면화를 모아
수출한 덕분에
큰돈을 벌었죠 ㅎ

※ 노예가 아닐 뿐이지, 농민들이 뼈빠지게 수탈당했다.

결국 남북전쟁 개입의 시기도,
명분도, 실리도 모두 사라진 것.

전쟁 개입을 저울질하던 시기,
파머스턴은 《톰 아저씨 오두막》을
세 번 읽었다고 한다.

. . .

그리하여
1865년 5월,
남북전쟁
종전 다섯 달 후에
파머스턴은
감기로 사망한다.

예아~!

그래, 실컷
강대국 돼봐라 한번.
어디까지 가나 보자.

남북전쟁 말미, 영국 관전장교들과
정보원들의 정보 취합 브리핑.

…즉 다시 말해서,
만약 현재 미합중국과
영국이 전쟁을 벌인다면—

캐나다는
3주 컷 당합니다.

으어?;;

영국은
아메리카 대륙 내에
바늘 하나 꽂을 교두보도
만들지 못합니다.

아니, 그
정도까지는?;;

174

굽씨의 오만잡상

Ibw**** 님께서 댓글로 달아주시기를-

따머스턴의 세계관은 한마디로 이거였군요.

"고속도로에서 나보다 빨리 가는 놈은 미친놈.
나보다 느리게 가는 놈은 등신."

조지 칼린(1937~2008)
스탠드업 코미디언

제 9 장

Blue, Gray
& Yellow

오, 피어스 상병!
자네, 광저우 출신이라지.
나님도 광저우가
제2의 고향인데~

미국 철도의
대부이신 위원장님께,
철도 공사 현장의
비참한 현실에 대해
좀 아뢰겠습니다.

태평양 연안 주들에 노예 계약을 통해 들어온
중국인들은 철도 공사 현장과 광산에서
하루 한 줌의 쌀에 의지한 채,
가혹한 중노동에 시달리고 있습니다.

진시황이
미국에 환생해서
공사를 벌이고 있나;

가장 위험한 작업에 동원되어
각종 사고로 목숨을 잃거나
폐인이 되어도 아무 보상 없이
버려질 뿐입니다.

그러면서도 노임은
백인들의 3분의 1에 불과하니
어찌 돈을 모을 수 있겠습니까.

그리고 그런 저임금 때문에 일자리를
뺏겼다고 생각하는 백인들에게
수시로 린치당하는 처지.

외노자
OUT!

심지어 살해당해도
법은 중국인에게
관심 주지 않습니다.

저희가 흑인 노예해방을 위한 전쟁에 나섰지만,
현실에서 중국인들은 흑인 노예보다 못한
인간 이하 취급인 거죠.

부디 중국인 노동자들에 대한
처우 개선의 공언
부탁드립니다.

어, 음;; 센트럴 퍼시픽
철도는 나님이 관여하는
회사가 아니라서리;;

공화당과 철도협회를 양손에 쥐고
주무르는 위원장님께서 외면하시면
대체 어디에 호소할 수 있겠습니까.

아니, 이보게, 사실 아무리 힘들다고 해도
중국의 저 내란과 기아 속에서 뒹구는 것보다는
미국에서 고생 좀 하는 게
훨씬 나은 팔자 아닌가?

태평천국은 작년에
끝났다지만….

아니, 그건
'꼬우면 북한 가라 Easy야'
같은 거죠….

이런 식이면 진정한 인종 평등은 100년이 지나도 요원합니다!

그래도 앞으로의 중국사 생각하면, 미국의 중국계 후손들은 미국에서 태어난 걸 감사해할 걸?

근데 중국계 미국인은 대충 이런 식으로 그릴 건가.

옙~!

50여 명의 중국계 병사가 남북전쟁에 참전했는데, 그중에는 남부연합에 붙은 사람도 있다지.

헐, 어떤 미친 인간이;

보통 육지보다는 바다 쪽이 인종적으로 더 열려 있었으니 바다 쪽을 볼작시면–

남북전쟁 개전 이래, 남부의 항구는 모두 압도적인 북부 해군에 의해 봉쇄되어 남부 함선이 외양으로 출항하는 건 불가능한 상황.

사람만 간신히 중남미 쪽 루트로 나가는 수밖에 없어.

So, 몰래 영국으로 건너간 남부 요원들이 영국 조선소에 함선 건조를 의뢰하고,

그리 건조된 함선을 포르투갈 아조레스 제도 등에서 남부 해군 인원들이 인수해 몰고 간다.

이 함선들은 남부 해군 함선이지만, 정작 남부연합 항구에는 태어나서 죽을 때까지 한 번도 입항하지 못하고.

그중 가장 유명한
남부 통상파괴함은
CSS 앨라배마.

그 과정에서 2,000여 명의 포로를 잡았지만,
셈즈 함장은 남부 신사 답게 모두 외국 항구에 풀어줬다고.

※ 나포 선박과 화물은 알음알음 black market에서 처리.

워델 함장이 지휘한 CSS 셰넌도어 같은 경우에는
양키 포경선만을 집중 공격, 베링 해협의
포경기지 습격. 38척의 포경선을 나포·격침.

남부 통상파괴함들의 활동으로
미국 상선들의 보험료 폭등.
무역에 심각한 영향을 끼친다.

때문에 북부 해군도 남부 통상파괴함을
잡기 위한 함선들을 세계 각지로 파견했고,
그중 USS 와이오밍이 일본에 들렀다가
시모노세키를 포격하고 간 것.

이 통상파괴 행위에 빡친 미국정부는 남부 통상파괴함들의
건조·지원 행위에 대한 책임을 물어 전후 1872년,
영국에서 1,550만 달러의 배상금을 받아낸다.

아무튼 그리 먼 외지로 나간 남과 북의 함선들은 타지에서
단기 알바 승조원들을 고용하곤 했습니다.

모국에 입항이 불가능한 남부 함선의 경우
특히 외국인 인력에 기대는 바가 컸죠.

영어 회화
능통자 우대!

대서양에서는 유럽인들이, 태평양에서는 아시아인들이.

그렇게 남부연합 해군에 엮인
아시아인들도 있다는 건 알겠는데,

뭔가 유색인종으로서
노예주 인종주의에 부역하는
느낌이 좀 쎄하네요.

아니, 그러니까 우리는
노예제 때문에 전쟁한다기보다는
주의 정당한 주권을 침해받지
않기 위해 싸우는 거라고—

근데, 그 주의 정당한 주권을
행사해서 유지시키려는 게
결국 노예제잖아요.

아니, 그러니까,
주권이라는 그릇에 뭐가
담기든, 일단 그 그릇이
내 것이라는 걸 확실히
하자는 거지—

ㅇㅇ. 일단 확실히 싸움은
딕시가 양키보다 잘했습니다.

진보의 탈을 쓴 저 타락한 양키들로부터
백인 문명의 순결을 지켜내야 한다!!

그리고 백인 우월주의 문명을
지켜내야 한다는 신념 또한
사기에 크게 작용한다.

저건 150년이 지나도
살아 있을 광신이니까,
강력한 사기의 원천이
될 법하지.

가난한 시골 백인들이
자신들 삶에 주어진 유일한 우위–
'흑인보다 우월한 백인'이라는
자격증을 지키기 위해 목숨까지도
바칠 수 있다는 것이다.

저런 남군에 대해
북군의 강점은–
일단 머릿수가 더 많다.

남부의 노예 빼면
인구가 3배 넘게
차이 난다.

머릿수만 더 많은 게 아니라
그냥 모든 게 더 많다.

베이컨도 더 많고,
총도 더 많고,
신발도 더 많고,
탈영병도 더 많고,

노예는 우리가
더 많은데;

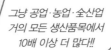
그냥 공업·농업·숲산업 거의 모든 생산품목에서 10배 이상 더 많다!!

북부의 거대한 공장들이 미친 전쟁 특수 물량 쓰나미를 쏟아낸다!!

구와아아악

마침 유전 개발로 석유 생산도 시작됨.

이 막대한 인원과 물량이 전국 각지를 촘촘히 연결하는 철도망에 의해 피스톤 물류로 쏟아져 나온다.

스타 같은 RTS 게임할 때, 유닛 뽑는 속도, 자원 캐오는 속도가 상대보다 3배 빠른 치트키인 셈이죠.

그리고 사실 북군 장병들의 사기도 꽤 높을 만한 것이–

우리는 저 야만 노예주들로부터 불쌍한 흑인들을 해방시키는 기독교 문명의 십자군이다!

전쟁 동기가 아주 기독교적이고 문명적이야~!!

그리고 이 나라— 미국은
하나의 거대한 단일 국가로
대륙에, 양대양에 군림하여야 한다!

미국의 '위대한 운명'을 실현하기 위한
통합된 거대영토! 강대국으로의 길!

한창 성장하기 시작한
내셔널리즘도
국가 엘리트들의
중요한 모티베이션.

뭐, 저런 사람들도 있고,
그냥 이민 와서 시민권 따고
먹고살려고
입대한 사람들도 있고~

아일랜드 이민자들이
대거 입대하기도 하고.

뉴욕에서는 징병 거부 폭동으로 100여 명이 사망하기도.

부자는 돈 내고 빠지는
병역이 무슨 국민군이냐?!

양심적
병역거부
인정하라!!

그런 여건들 위에서
엎치락 뒤치락
4년의 전쟁이
진행되었으니—

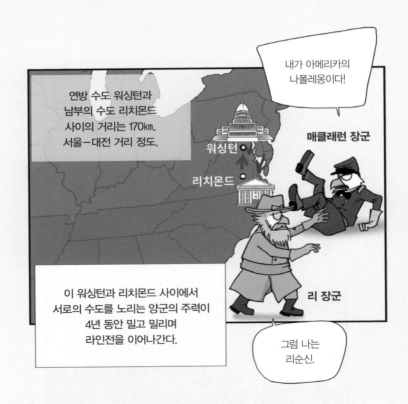

연방 수도 워싱턴과
남부의 수도 리치몬드
사이의 거리는 170㎞.
서울—대전 거리 정도.

워싱턴

리치몬드

내가 아메리카의
나폴레옹이다!

매클래런 장군

리 장군

이 워싱턴과 리치몬드 사이에서
서로의 수도를 노리는 양군의 주력이
4년 동안 밀고 밀리며
라인전을 이어나간다.

그럼 나는
리순신.

서쪽에서는 남부를 수륙 양면에서
봉쇄한다는 아나콘다 계획에 따라,
미국의 장강인 미시시피강
장악을 위한 전역이 전개되고.

그랜트 장군

1863년,
미시시피 전역

존스턴 장군

으어;
스런 걸렸다;

결국 1863년 7월,
미시시피강 전 수역을
북군이 장악하게 된다.

남부 분리 독립 달성의 거의 유일한 희망이었던
유럽의 개입 가능성이 1862년 9월의
노예해방선언으로 날아가고,

자, 이제 누가
악당이지?!

ㅎㄷㄷㄷ;;
ㄱㄱㄱㄱ

남부는 마지막 희망을 1864년 11월의 연방 대통령 선거에 걸어보는데,

민주당 이겨라;
민주당 이겨라;

링컨이 해임한
매클래런이
민주당 후보로 출마.

국민은 전쟁에 지쳤다!
휴전합시다! 휴전!

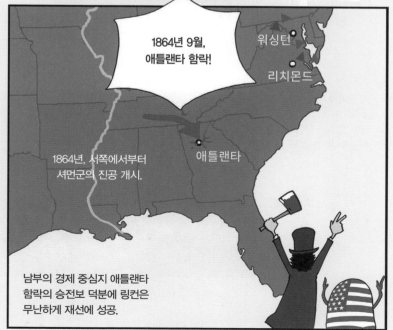

애틀랜타를 함락시킨 셔먼軍은
이어서 서배너를 향해
'바다로의 진군'을 개시.

항구에 도착해야
보급을 받을 수 있다.

애틀랜타

서배너

가는 길에 가축이든 식량이든
가져갈 수 있는 건 다 가져가고
가져갈 수 없는 건 다 태워라!!

조지아에서, 이어서 다시 북상하며
사우스 캐롤라이나에서
셔먼軍이 행한 초토화 작전은
남부인들을 경악시켰습니다.

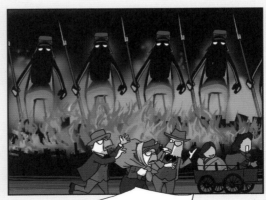

아니, 미친 양키 놈들이
가서 전쟁이나 할 것이지
멀쩡한 농장·철도는 왜 다
박살내버리는 겨?!

This is TOTAL WAR!
인민과 인민이 총력을 다해 부딪치는
이 전쟁에서 군대는 팔다리일 뿐.

진정한 적의 심장과 머리를
부수려면 그 산업의 기반과
인민의 의지를 깨부숴야 한다!

나님 이름은 탱크가 아니라
전략 폭격기에 붙여야 했어.

악마!

반달러!

쑥 가드네!

So, 동부 전선의 남부 주력군은
보급도, 충원도 받지 못하는 상태에서
북부로의 진공에 실패.
북군의 물량 공세에 조금씩 밀려나가고.

남쪽에서는
셔먼軍이 북상해오고.

뒤치기 성공!

더 이상
버틸 수가 없다!!

결국 1865년 4월, 리치몬드가 함락되고 남군 항복.
남북전쟁 종료.

1866년, 미국 상인
W. B. 프레스톤.
제너럴셔먼 호를 몰고
아시아로 향하다.

열하문안사

원명원 전소!!
베이징 함락!!

1860년 말, 2차 아편전쟁으로 인한
베이징 함락 소식이 조선에 닿자,
서울에서는 피난 대소동이 벌어진다.

중국에서 천하대란이
터지면 언제나 조선에도
불똥이 튀었지!!

십승지로 몸을
피해야 산다!

그 양놈들은 역사상
오랑캐 끝판왕이라더라!

이에 조정에서는
동지사 사절단에 이어서
바로 2차로 위문사절단을 꾸려
열하로 파견.

일이 어떻게 돌아가는지
가서 알아보고 바로
보고서 보내도록;

1861년 2월 27일, 서울 출발.

2개월 후, 열하에 도착.

선양

(열하)
● 청더
진저우

베이징
● 룽저우
산해관

텐진
베이탕
다구
다롄

창저우

사절단은 열하로 피난와 있던 함풍제를 알현.

옌타이

이 환란 중에 그래도
이리 안부 물으러 와주는
친구들이 있다니 찡하네~

폐하께서 강건하심이
소국에 가장 기쁜
소식이옵니다~

wǒ xìnrèn nǐ, wǒ xiāngxìn wǒ de péngyǒu méiyǒu rènhé yóuyù, wǒ bǎ nǐ jièshào gěi wǒ de péngyǒu

통역:
"청의 조공국 중에 조선이 제일 먼저 위문사절을 보내온 걸 보면 과연 동방예의지국 타이틀이 허명이 아님을 알겠습니다."

아, 예. 감사합니다.

통역:
"○○, 쎄쎄."

('동방예의지국'이란 사실 비루한 말이 아닌가… 천하에 어디 나름의 예의가 없는 나라도 있다던가…)

문안사 부사
박규수(54세)

통역:
"워, 똥팡매너궈 마이 꼽다해"

아, 좀 오버하지 마라.

역관 **오경석(30세)**

뭐, 동방예의지국 어쩌고 하지만, 사실 중국 놈들도 우리가 불난 집 동정 살피러 온 거 뻔히 다 알고 있겠지요.

○○. 예전에는 그냥 주던 관보 과월호 묶음도 안 보여주고 아이디 차단하더라.

So- 조정에 먼저 보내야 하는 정보 보고서를 어찌 쓸지 걱정인데…

뭐가 문제십니까?! 제가 온갖 진기한 자료들 다 모아드리지 않았습니까?!

※ 역관 오경석은 얼리어답터로, 중국을 드나들며 서양의 신문물들을 일찍부터 모아왔다.

〈해국도지〉도 구해다드렸고, 서양의 까마득한 부강함과 그 화포의 무시무시한 위력도 이 만화를 통해 엿볼 수 있잖습니까?!

그런 천하지세에 대해 보고해야지요!!

서세 동점!
이미 온 세상은 서양이
새로이 판을 짜는
천하라 할 수 있고!

그 서양의 천하에서
우리가 알던 중화의 천하는
사실 천하의
변방일 뿐이라는 것!!

그런 코페르니쿠스적 전환을
주제로 보고서를 쓰셔야죠!

아니;;
그런 건 좀;;;

갑자기 그런 바람 가득 찬
이야기를 그 누가 조정에
감히 내놓을 수 있단 말인가?!

환재 박규수 대감이야말로
능히 그런 이야기를
할 수 있는 분이오!

그 출생부터가 이미—

연암 박지원의 손자!

양반님네
헛소리 놀음
다 집어치워라!

실용!!
이용후생!

박규수는 어려서부터
할아버지로부터 이어내려온
실학·북학 사상을 가학으로
익혀왔으며,

할배가 장사는
매점매석밖에
모르셨네…

추사 김정희의 제자!!

그런 학문적 배경 위에 쌓은
박학다식으로, 스무살 청년 박규수는
이미 만물박사로 소문이 자자했고,

1828년, 21세 나이에
효명세자의 눈에 들어
효명 크루의 일원이 된다.

효명세자
(19세)

효명세자는 박규수를 개인적인 자문·보좌역으로 삼아
늘상 옆에 끼고 다양한 주제를 논했다.

나라를 한번
싸악 청소해볼까 하는데~

......

안동 김's

(세도가 숙청은
기습이 중요하죠!)

BUT, 2년 만인 1830년~

근데 혹시 각혈에
좋은 약이~ 쿨럭!

저하??!

효명세자,
21세 나이로 사망.

세자 저으하아아!!!!

이에 크게 낙담한
박규수는 시국을 떠나 칩거,
북학과 주자학
공부에만 전념한다.

효명세자랑 안동 김씨 안티 활동한 거
쫄아서 잠수 탄 거 아님?

아니라고…

그리고 18년 후인 1848년,
다시 세상으로 나와 과거 합격.

이제 효명세자의 아들인 금상께서 슬슬 성인이 되셨으렷다…

과연, 헌종은 아버지의
절친을 크게 환영.

아바마마의 브레인을 드디어 물려받게 되었구랴.

저으으은하~

· · · · · ·

헌종(21세)

자, 일단 외근직 맡아서 경험치 좀 쌓고 돌아오면 대업을 같이 진행합시다!

옙~! 전하!~♬

1849년,
평안도 용강현령으로 부임.

아, 이런; 아쉽게도 패스~;;

1849년 7월 25일,
헌종 사망.

대충 초탈한 박규수는 그럭저럭 능력은 인정받아
어찌어찌 외근직, 암행어사 등 바깥으로 돌며
공직 생활을 이어나갑니다.

친구 아빠를 가차 없이
잡아 가둘 정도로 암행어사 직무를
충실히 수행해 호평과 악평을 두루 얻고.

그리고 1861년,
중국行 문안사의 부사로
발탁된 것.

중국에서 제대로 정보
취합해올 식견 있는 관료는
결국 이 양반밖에 없지.

보고서 잘
좀 부탁합니다~!

중국에서 박규수는
직예 일대의 정보를
광범위하게 수집.

음, 일단 팔기군
폐기물 된 건 꼬시다.

팔기군 쓰레기 됐어도
조선병한테 질 정도는
아니니까 설렘 금지.

역관 오경석을 통해 다양한 신문물도 접하고.

자, 이게 바로 진실의
빨간 약입니다!

음, 2차 산업혁명이
점점 다가오고 있나.

중국 조야의 각계 각층 인사들을 만나 인터뷰.

그리고 그 모든 정보들을
숙고 끝에 보고서 작성 & 송출.

귀국에 앞서 보낸
보고서가 조정에
먼저 당도하고.

철종(30세)

(전략)
우선 강남의 사이비 종교 도적들은 그 기세가 여전히 왕성하고
터전을 굳힌 지 오래인지라 토벌에 애를 먹고 있습니다.
그리고 걔네 정식 이름은 '태평천국'이라고 합니다.

그런데 그 소굴인 난징에서 도적 수뇌부에 내분이 발생,
그 과정에서 수괴인 홍수전이 죽고,
석달개라는 자가 왕위를 이어받아 난을 이끌고 있다고 합니다.

※ 잘못된 정보 취득.

그리고 이번에 힘으로 밀고 들어온 양놈들의
난동을 아무도 감히 막아서지 못했지만…

베이징에 들어온 양인들은 민가 몇 채를 사서 공사관 터를 늘릴 뿐,
딱히 땅에 큰 욕심은 없어 보입니다.

양인들은 단지 교역의
이익에 뜻이 있을 뿐이니
중국인들과 양인들이
거래 트고 장사하는 게
그냥 평범한 일상입니다.

양인들의 종교는 교리가 허무맹랑해서 그리 크게
사람을 모으지는 못하고, 그냥 교회에서 주는
떡고물 얻어먹으려고 모이는 자들이 있을 뿐입니다.

황제가 열하에 가 있는 현재
나라의 가장 큰 기둥은 베이징의 공친왕입니다.

(황제 상태를 보니 아마 조만간
권력의 추는 확실히 공친왕에게
기울 것으로 예상됩니다.)

아니, 왜 내가
재랑 동급
취급이냐;

군에는 승격림심과―

인정받았다 ♬

승보, 두 장군이 투탑이고.

남쪽에는 증국번·낙병장·호림익 등이 있습니다.

저렇듯 인재는 많지만, 관료사회가 전반적으로 썩어서 인사는
오로지 뇌물로만 이뤄지고, 전란 수습 비용을 위해
백성들의 고혈을 심하게 쥐어짜고 있습니다.

때문에 간신배들을 욕하는
백성들의 민심이반이 심각합니다.

(열하의 숙순 일파가
주로 씹히는 대상인 듯)

수근수근
숙순숙순

이리 보면 뭔가 아침에 저녁을 장담 못 할 위태로운 형국이면서도,

어찌 또 그 시스템이나, 사람들이 시장에서 사고파는 일상들은
별 동요 없이 안정적으로 굴러가니,
확실히 대국은 대국. 썩어도 준치인 듯 싶습니다.

찰칵

"PS.
중국의 농사 작황은 작년에 이어
올해도 풍년이 예상됩니다."

음…

어, 그러니까 일단은
괜찮다는 거지?

똥 지린 줄 알았는데
사실은 그냥 좀 습기가
많은 방귀였다는
느낌일까요.

뭐 당분간은 그리 큰 걱정
안 해도 될 듯한 느낌이옵니다.

일단 안심.

1862년, 서울.

아니, 어째서 조정을 발칵 뒤집을
천지개벽 아마겟돈 묵시록을
쓰지 않고, 그리 밍숭맹숭한
보고서를 써 올리신 겁니까?!

쿵

거, 말로 뭐라고 겁을 줘봤자,
뭐가 될 것도 아닌데
괜시리 바람 가득 찬 이야기할 필요 있겠나.

그리 큰 이야기 쓸
지면도, 때도, 사람도
다 맞지 않다.

요설로 성총과
민심을 어지럽힌
박규수의
목을 치소서!!

괜히 허무맹랑한
장광설 나불거렸다가
별일 없으면
내 목만 날아가겠지.

뎅겅

하늘이 트롤이면 사람이
무슨 노력을 해봤자
암세포 수만 늘릴 뿐이야.

아니, 그러면 그냥
손 놓고 던짐요?

던지기보다는, 그냥
일단 할 수 있는 일이나
천천히 해둬야지.

뭐 언젠가는
할 사람들이 다 할 거고,
될 일들은 다 되겠지.

그러는 동안 미국에서는
노비해방 내전이
터졌다는대요.

1862년 3월, 박규수,
안핵사로 임명됨.

제 1 1 장

3정의 문란

안녕하십니까.
이방인
김 이방입니다.

지방 하급 실무직인
아전·향리의
대명사라 할 수 있지요.

조상 대대로 향리직을 세습하는
우리 아전들 없이는
이 고장 사정에 어두운 외지인 사또가 제대로
할 수 있는 일이 없지요.

ㅇㅇ.
ㅇㅈ.

사또 임기는
대략 5년 쿨.

이 나라
지방 행정의
중간 톱니바퀴!

국가 권력
촉수의 최말단!

근데 그리 빡세게 일해도 향리는 국가의
정식 녹봉을 받지 못하는 비정규직이지요.

지방 관아에서
수고비 조로 쬐금
나오긴 하지만.

지방 촌놈이 나라를 위해
봉사할 수 있다는 걸
영광으로 알아야지!
지역 토박이니 전답도
먹고살 만큼 있겠지!

이 시기,
조선 세금 제도의
기초는 논밭에 매기는
전세田稅.

토지 1결당—

결結: 미곡 300말이 생산되는
단위. 약 3, 4천 평.
논 30~40마지기.

1말 = 대략 쌀 14.4kg

기본 전세가 4말.

공납이 대동법으로
전세에 통합되어
대동미 12말.

방위 성금인 삼수미가
지역에 따라
1.2~2.2말.

1결 생산량 300말에 대해
전세가 18말 정도면 세율 6%.

더군다나 땅에만 매기는
세금이니 서민 입장에선 아주
혜자 조세 아닌감요?

어차피 지주들이
전세는 몽땅 소작농들한테
N빵 해서 넘기거든요?

그리고 그 전세에 대해
보관비, 운송비, 도정비,
가마니 디자인비, 꾸밈비,
등등 온갖 명목으로
추가세를 붙여서
곱빼기로 걷어간다구요.

그런 여러 영역에서
다채롭게 떼먹을 수 있는
구멍들이 나오지요.

그리고 전세 적용 토지를 뻥튀기하는 방법도 있지요.

1결 **+** 1결 **+** 1결

논밭뿐 아니라
야산·냇가·돌밭까지
몽땅 논밭으로 포함시켜
세를 때리는 거죠.

아이고, 김 서리!
이러지 마시게!

그렇게
수취용 장부와 공식 장부로
이중 장부를 갖추고
그 차액을 취하거나,

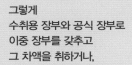

수고비를 받고
전답 사이즈를
조정해주는 식으로
수익을 올립니다.

와, 이런 식으로
긁어모아서,
뭐 재벌이라도
되실라고?

아오, 이렇게
긁어모아도 나님 몫은커녕,
관아 창고 채우기도
빡세다니까요;;

사또 나으리는
동헌에 앉아 창고째로
털어가시거든요.

땅 세금
맛있쩡!

이것이 3정의 문란의 첫 번째인
전정田政의 문란이오.

두 번째로,
병역의 의무를 대신해
16~60세 성인 남성들이 내는
군포가 있습니다.

가로 0.32m
세로 16m의
면직물.

그 군포 걷어서
직업 군인들
월급 주는 거죠.

군역 대상자 1인당
1년에 군포 1필 + 토지 1결당 2말을 바치는데,

이 집은 납부 대상이
자네 말고도
더 있는데?

예? 전산 오류
아니에요?

자네 아들도
납부 대상이야.

16세 이하 아이한테서도
군포를 걷고,

...

갓난아이한테서도 걷고,

60세 이상 노인한테서도 걷고,

죽은 사람한테서도 걷고,

도망간 친척·이웃의 군포까지
연대책임으로 걸고,

그렇게 한 집에 군포 5필이 부과될 경우,
1필당 2냥으로 치면 10냥.

기와집 한 채가
300냥 하던 시절이니
10냥이면,

마지막으로
환곡 운영을 살펴봅시다.

수확기인 가을에
이자를 쳐서
상환받는 것이 환곡.

그런데,

환곡은 결국
이자 수익을 위해
백성을 상대로 한
강제 고리대금업으로 변모.

이런 개
악질 #%@!

환곡의 반은 겨로 채우고
나머지 반은 빼돌리는
고전적인 방법도 있고요.

상환 안 받고
연체 이자
부과라든지,
여러가지
방법이 있습니다.

혹은
환곡 강제 대출 안 받는 대신,
그냥 이자만 연리 30%로
쳐서 지불하는 걸로 ㅇㅋ?

조폭도 놀라서
울겠습니다….

물론 사또 나으리들은
그리 골치 아프게
영업 뛰시지 않고

그냥 환곡 창고를 통째로
털어가시지요.

서민 대상
고리대금
맛있쩡!!

그리 털린 환곡 창고를 채우기 위해
백성들에게 특별세를 걷는 것이
또 심각한 문제였다.

이것이 3정의 문란,
최종 보스인
환정還政의 문란이오.

이러한 3정의 문란으로
세금이 제대로 안 올라오니
국가 재정은 붕괴를 향해 치닫고,
백성들의 삶은 가혹한 수탈로
막장을 향해 치닫는다.

그리고 결국
그 곪은 종기들이
터져나오기 시작했으니.

신임 진주 목사
홍병원이 부임 후,
환곡 창고를 조사해보니.

홍병원은 바로 조정에 이 사태를 보고.

이에 조정은 2만 8천 석 중 8천 석은 망실 처리하고
2만 석은 진주에서 특별세를 걷어 채워 넣으라고 지시.

헐; #%@;;
갑자기 2만 석을 어찌;

심청이가 인당수에
67번 다이빙해야
할 판이네;;

홍병원은 일단
진주 백성들의 민의를 구하는
시늉을 위해 지역 유지들을
불러 모아 향회를 개최.

환곡 선진화와
재정 건전성 확충을 위한
진주 시민 공청회~!

루이 16세가
세금 더 걷으려고
삼부회를 소집했다던가….

…그렇게 되었으니
환곡 2만 석 확충을 위해

토지 1결당 6냥 5전의
특별세를 걷는 걸로 결정!!

아무도 동의
안 한 거 같은데?

분위기 싸아아아아

이 특별세 부과에 진주 민심 大술렁.

MEANWHILE 진주에 위치한 경상우도 병마절도영에서도
사태 전개를 주시하고 있었으니-

(경상우도 군사령부)

경상우병마사 백낙신

봐봐, 원래 똥은
제일 먼저 싸는 놈이 욕먹는 법이야.

백성들 입장에서도—

구토하고 나서
얼마 지난 후에—

설사까지 하는 건 괴로운 일이지.

차라리 구토와 설사를 동시에 하는 게
짧게 괴롭고, 둘 중 어느 한쪽에 신경이
집중되지 않으니 덜 괴롭겠지.

...

헉;
납득할 뻔했다;

PS.

이번 화에 등장한 전통 단위들을 좀
살펴보고 가자면 말입니다—

1홉은
쌀 1.44kg

X10

1말은 10홉
쌀 14.4kg

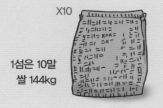

X10

1섬은 10말
쌀 144kg

돈으로 따지면

쌀 1말은 50문.

 = X50

 이 상평통보 엽전은 개당 1문입니다.
더 고액권 그런 거 없이
그냥 이 1문짜리 동전-당일전이
화폐 유통량의 거의 전부입니다.

(2문짜리 당이전이 있긴 한데 잘 안 쓰임)

엽전 1냥이라고 하면,
이 상평통보 1문짜리가
100개 엮여 있는 걸 뜻합니다.

1냥이 사실은 이렇게
대단한 겁니다!

외환 거래에서는-

은 1냥은 37.8g.
100원짜리 동전
7개 무게.

중국 은 1냥 = 상평통보 400문!
고정환율로 간다!

BUT 훗날
고정환율은
무너지고 들쭉날쭉
변동환율이 됩니다.

이는 은 37.8g에 대해
구리(+약간의 주석) 10kg로
약 250:1의 교환비입니다.

오늘날의 구리:은 교환비인
150~210:1에 비하면 교환율이지만
저 당시에는 은 가치가 더 높았으니
대충 적당한 교환비인 듯 싶습니다.

당시 기와집 한 채가 약 300냥이었다고 하는데요.

X300

상평통보 300냥은
무게로 따지면 1,134kg!
약 1.1톤이 넘습니다!

집 사러
가자~

체력증진을 위해
스파르타가 동전을 철로
만들었다던가!

대체 저런 무거운 돈으로 어떻게
고액 거래들이 가능했을까 싶지만—

어음 몰라?
신용 거래!!

엽전 꾸러미는 객주에 맡겨놓고 객주에서 발행한
어음으로 대충 모든 거래가 가능했다고 합니다.

어음은 점선을 따라
지그재그로 잘라서
나눠 가지고 나중에
맞춰보고 돈을
지불했다고 합니다.

또한 여전히 나라 전체로 보면
화폐 거래보다는 쌀·면포 등을 통한
거래가 더 비중이 높았다고.

제 1 2 장

임술농민봉기

진주목의
환곡 보충
도결(특별세)에
이어서—

경상우병영도 환곡 보충을 위한 도결 징수를 공표.

이 두 도결 징수와 그간의 수탈·착복에 분노한 백성들은
1862년 3월 4일,
먼저 단성에서 들고일어나 단성 현감을 내쫓는다.

3월 6일, 진주 권역 내 부락 대표들이 모여
도결 징수에 대한 대응 방안을 협의.

이러한 논의는 지역의 몰락 양반들이 주도, 중지를 모아간다.

전주 이씨 **이명윤**   잔반 **유계춘**

이러한 지방 잔반들은
향촌 사회에 일이 터졌을 때,
민의를 수렴·정리하고
지도하는 역할을 자주 맡습니다.

유계춘은 실력 행사를 주장.

이에 관아에서는 일단
유계춘을 체포.

하지만 유계춘의 체포 소식에 진주 시내 집회에
더 많은 군중이 운집, 통문이 돌고 분위기가 고조된다.

헉;;

술렁 술렁

웅성 웅성

이에 3월 13일, 유계춘 석방.

집에 제사가
있어서리…

풀어드릴 테니
조용히 삽시다?

별일
없겠지?

자, 여러분.
이리 모인 김에~

다음 날, 1862년 3월 14일,
진주 읍내에서 민중 大봉기!

봉기 세력의 주축은 가난한 농민·품팔이·나무꾼·약초꾼 등
밑바닥 풀뿌리 인생들로, 스스로 초군草軍이라 자처했다.

초군은 진주목 관아를 단번에 제압.

진주 목사 홍병원은
도결(특별세) 취소 각서를 쓴다.

3정을 공명정대하게
집행할 것도 약속하시죠.

ㅇㅋㅇㅋ;
나님은 진주 부임한 지
얼마 되지도 않았으니
해먹은 것도 없다고;;

그리고 이어서 우병영으로 향하는 군중.

군 부대인데
그냥 막 들어가도 되나?

으헠;;
5대기 비상!!

병사들도 다 민중과 뜻을 함께합니다.
도결 취소와 환곡의 투명한 운영
약조 각서에 지장 찍으시죠.

무, 물론
그리하겠네;

분노한 군중은 그간 백성들을 괴롭히며 배를 불려온
아전 향리들을 모두 때려죽이고 그 시체를 불태운다.

아오, 사또 트롤링 불똥이 이리 튀네;;

이어서 소작농들을 착취해온 대지주들의 집이 불타고 약탈이 벌어진다.

하여 진주 시내 가옥 126호가 불타고 약 10만 냥이 약탈당했다고 합니다.

박규수가 경상도에서 암행어사 업무 잘해서 그곳 사정에 밝지;;

조정에서는 3월 29일, 박규수를 안핵사 (사태 조사·수습 감독관)로 임명, 진주로 파견.

너님들 똥을 왜 내가 치워야 할까요.

자 자, 문제의 그 도결은 취소! 환곡 운영도 투명하게! 문제의 사또들은 파면!

박규수는 진주에 머물며 환곡 결손 사태의 진상을 파악하고, 봉기 농민들의 청원을 접수하며 사태 수습에 나선다.

백낙신은 죗값을 치러야죠!

ㅇㅋㅇㅋ

백낙신은 재산 몰수, 전남 고금도로 유배.

빽이 좋으신가 보네요.

BUT, 3년 후 다시 관직 받지롱.

제12장_임술농민봉기

243

대충 그렇게 수습하는 걸로 하지.
여기서 더 뻐팅기면
조정이 군대를 내려보낼 것이야.

예. 이리
마무리 짓죠.

그래. 지방 몰락 양반이
큰 무리를 몰고 한바탕
큰일을 치러 결과를 냈으니
마음에 만족함이 있겠군?

만족까진 아니지만
헛수고는 아닌 것 같아
다행입니다.

그래, 백성이 잔반에게
그 지도력을 구함은 권위와 학식에
기대려는 바가 있고—

또 일이 마무리되었을 때
그 한 몸에 책임을 다 얹을 수 있는
그릇을 바라기 때문이기도 할 터.

무지렁이 백성의
모가지는 몇십 개라도
별 소용이 없습죠;;

나라에 내놓을 그럴듯한
목을 바치는 것까지가
리더의 역할이라지.

짬통에서 쉬어 썩어갈
잔반이 이리 세상에 소용되고,
그 끝에 이리 깔끔한 마무리까지
주어진다니, 시골 선비로서
더 바랄 바가 있겠습니까.

하여 유계춘 등 주모자 3명은 처형·효수.

그렇게 진주민란은 10여 일 만에 마무리되었지만,

봉기의 불씨는 3남 각지로 퍼져나갔으니,

진주만
못 살겠을까!
우린 더 심하다!!

Remember
진주만!

경상·전라·충청의 3남
수십 개 고을에서
제주도에 이르기까지,

거창 민란 개령 민란 상주 민란 함평 민란 부안 민란 공주 민란 인터 민란 AC 민란 제주 민란

1862년 한 해 동안 전국 각지에서 동시 다발적으로 민란이 이어집니다.

그 민란들 대부분은
정형화된 패턴을
지니고 있었으니.

일단 아전 향리들은
패죽인다!!

거 끔찍한
패턴이네;;

고을 수령은 조리돌려 내쫓는다.

임금이 보낸 수령을 죽이면 그건 진짜로 반란이 되는 거니까;;

조리돌림은 악습이에요;

이후 조정에서 안핵사를 파견, 백성들의 불만을 들어주는 시늉하고.

지적된 폐단들에 대해서는 시정조치가 있을 것이니라. 하지만 사람 죽이고 수령을 능멸한 죄는 크다.

주모자 몇 명은 처형.

쿵.

즉 이 민란들은 어디까지나 과격 시위였을 뿐, 체제에 대한 반란은 아니었다는 것이죠!

King & Country!

우리는 어디까지나 나라님의 충량한 백성입니다요!

백성들이 분노하는 대상은
체제에 기생해 시스템을 오염시키는
탐관오리 기생충들일 뿐!

결코 체제 그 자체에
죽창을 겨누는 것이 아닙니다.

레볼루숑!!~
이 아냐?!

오히려 체제 상층부에 하층부의 폐단을
좀 세게 하소연하는 것에 가깝죠.

밑에 관리 좀
잘해주세요;

체제 상층부에서도 이 시스템을 어떻게든 잘 관리하면
모든 게 잘될 것이라 믿는다.

백성들은 아직 이 체제에
충성하고 있다.

그러니 어떻게든
깨끗하게만 만들면
다 잘될 거야.

So, 임술민란 이후,
'3정의 문란'이라는 시스템 버그를
해결하기 위해 3정이정청을 설치,
3정의 문란을 해결해보려고 노력.

하지만
3정이정청의 3정 개혁 논의는
탁상공론 흐지부지行.
⋯⋯⋯

전통적인 솔루션으로
암행어사도 돌려보지만—

그렇게 버그 잡고 시스템 에러만 고치면,

농본사회 유교 유토피아 조선은
다시 500년의 태평성대를 이어갈 수 있으리이다!

아니, 그러니까 어차피 이 윈도 95로는 최선을 다해봤자 영·정조 선까지가 최대치라니까요?!

윈도 95에서 버그 잡고 시스템 에러 고치고 하는 게 문제가 아니라,

운영체제 자체를 갈아엎어야 한다고요!

아니, 저기, 하드웨어 한계는 생각 안 하시나요;;

근데 백성들의 체제에 대한 충성심은 상술한 것처럼 절대적인 게 아닌 것 같아.

운영체제 교체를 바라는 갈망도 얼핏 엿보이는 듯?

어떤 식으로요?

이번 민란들 난리통에 백성들이 이 책을 널리 돌려 읽었다는데–

이거 꽤나 체제 교체에 대한 숭한 예언들이지 않은가.

그리고 이 체제– 유교 이념도 넘어서겠다는 무슨 이상한 종교도 유행하고.

至氣今至願爲大降 侍天主造化定永世不忘萬事知

PS.

새야— 새야~
파랑새야~

요즘 보는
사극 드라마
〈녹두꽃〉이
쩌는 것 같습니다!

동학농민운동 이야기인데,

일단 중간 보스로,
사극 역사상 가장 쩌는
이방 캐릭터가
인상적입니다.

지방 공무원의 위엄을
이제 좀 알겠지라?

이 근대사 사극의 인기에
이 만화가 어떻게든
묻어가보고 싶지만—

보국안민!!
제폭구민!!

탐관오리를
죽여라!!

크억, 동학농민운동은
이 만화 타임라인으로부터
30년 후의 이야기!!

이놈의 만화, 진도 진짜
드럽게 느리네!

〈미스터 선샤인〉도 놓치고
3.1운동 100주년도 놓치고
ㅡ다 놓치네!

해서ㅡ 다음 화는 《정감록》 & 동학!
한울님, 굽시 굽어살펴주시옵소서.

제13장

궁궁을을

1862년, 경주.

일단 오늘날 조선 사람들의
정신세계가 어떻게
짜여져 있는지 살펴봐야 해.

결국 우리 도는 조선 사람들의
집단 무의식에 기반했다 할 수 있으니.

동학 수운대신사
최제우

최시형

어쩌니 저쩌니 해도
결국 조선 정신세계의
핵심은 유교!

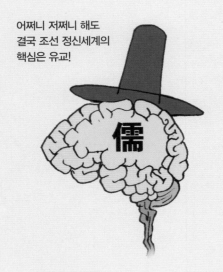

儒

256

현실 정치가 그리 굴러가는 동안, 지방에서는
현실 정치에 거리를 두고 유학 공부에만 뜻을 둔
선비들의 리그- '산림'이 이어져 내려온다.

우리는 더러운 정치판에 끼지 않는
고결 퓨어한 백색 선비!

송시열이
산림의 영수 아니었나….

19세기 산림은 더더욱 이념적
순수성에 강박적으로 매달리며,
그 설정 놀음의 심연으로 침전해간다.

조선이 중화의
중심을 지키고
있어요!!

산림은 그런 고결함을 내세우며 세상에
도덕적인 훈수를 틱틱 던지는 것으로
존재감을 과시한다.

이 난국은 결국
사람들이 도리를 잊었기
때문이야!

...

산림의 네임드들은
가끔 입바른 상소와
연판장으로
줏대와 세를 과시하고,

이게 좋아요 1만 개
받은 상소올시다!

조정은 산림 인플루언서들에게
정기적으로 벼슬을 내려 인문학
중시 제스쳐를 취했다.

늬예 늬예.
일단 감투
받으시죠.

유교 이데올로기는
백성들의 정신세계에도
초자아로 깊게 뿌리내렸고.

저렇게 살면
우리도 양반이
될 수 있을까?!

백성 모두가
선비 워너비.

야랄났네···

백성들은 유교의 예법과
서열 질서를 체화하고,

제사를 흉내내며,

이 제사 열풍으로
소비 촉진, 유통망
활성화 효과가
있었지요.

아이들에게 공부를 시킨다.

이 공부가
과연 미래에
도움이 될까요?!

앞으로 30년 정도는
여전히 유효할 거란다.

하지만 유교 숭상과는 또 별개로,
유교 사회 체제에 대해서는
백성들의 마음이 떠나간 지 오래.

조선이 바로 유교 지상낙원!
儒토피아입니다!

양반들에게는
儒토피아겠지…

백성들에게는
儒황불 지옥
가마솥이여.

이 시궁창 현실에서 고개를 돌리는
백성들의 시선은 자연스럽게
종교로 향하게 마련.

이번 생은 글렀으니
부디 내세 로또나
기약해봅니다.

조선 최대의 종교인 불교는
19세기 전반에 걸쳐
거대한 기도회들을 열며
흥행 몰이에 나선다.

극락왕생 100% 보장!
만일회 개최!!

백일기도 X100 !
1만 일 동안 진행되는 만일회!

1만 일 달성!!
잘 있어라!!
난 극락으로 간다!

27년 4개월에 달하는 기간 동안
계속 염불을 외는 만일회 행사에
수많은 불자들이 몰려들었고.

헉, 설마 이 만일회 기도하느라
격동의 19세기에 불교가
두각을 드러내지 못한 건가?!

만일회 3번이면 한 세기가
거진 가는구나;

양놈들의 서학에도 사람들이 꽤 몰렸는데—

나라에서 서학을 엄금, 몇 차례의
학살로 그 세가 뭉개진다.

그리고 사실 저런 메이저 종교들보다
백성들이 더욱 깊게 빠져 있던 것은—

조선 논두렁 컬트의
알파이자 오메가인
《정감록》컬트가 19세기 민중의
머릿속을 지배한다!

《정감록》은 정씨 왕조를
상징하는 '정감'과
이씨 왕조를 상징하는
'이심'과 '이연'이
나누는 예언 문답인
〈감결〉을 메인으로,

거기에 남사고·서산대사 등이 남긴 유명한
예언들을 추가 편집하여 붙인 구성이다.

물론 조정은
《정감록》을 금서로 지정.

때문에 《정감록》은
정식 출판된 적도 없고,
원작자도, 원본도,
등장 시기도 불명.

여기저기 알음알음 돌려 읽고
필사해오길 백여 년.
각양각색의 《정감록》들이 난무하여,
무엇이 정본인지도 불명.

《본격 정감록 만화》
출간!

어린이 《정감록》!
《환란에서
살아남기!》

TRPG
'정감록! 십승지로
가는 길'

충격! 말세에는
가난한 자는 살고 부자는 죽는다!?
'정감록 TV' 구독과 좋아요 꾹.

《정감록》의 가장 굵직한 예언—
이씨의 한양이 500년 만에 망하고

계룡산의 정씨 왕조가 800년을 가고, 이후
가야산의 조씨 왕조가 500년을 간다고 한다.

이 예언은 오늘날에 이르기까지
많은 정씨들을 설레게 만든 바 있다.

근데 아직
정씨 대통령
안 나왔잖아;;

정씨가 대통령 되면
개헌해서 국왕이 되는 걸까요.

또한 무시무시한 환란에 대한 예언으로 사람들을 공포에 떨게 만들기도.

"성세 가을 8월 밤중에 인천과 부평 사이에
선박 1,000척이 정박하고 안성과 죽산 사이에
시체가 산처럼 쌓일 것이며 한강 남쪽 백 리에
인적이 영영 끊어질 것이다."

인천상륙작전?!

"황해도와 평안도는
3년간 천리안에 불을 때는 연기가 없을 것이고
전주에서 큰 도둑이 일어나 호남·서산 태안으로 배 만 척이
강을 가로지를 것이니 이것이 큰 걱정이다."

"9년간의 수해와 12년간의 병화가 있을 것이나
십승지에 들어간 사람은 시국을 잘 살펴 살리라."

이 무시무시한 환난을 피해 살 수 있는
피난처 열 곳을 《정감록》이 찍어주었으니,
그것이 바로 십승지.

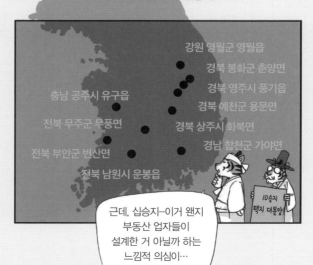

강원 영월군 영월읍
경북 봉화군 춘양면
경북 영주시 풍기읍
충남 공주시 유구읍
경북 예천군 용문면
전북 무주군 무풍면
경북 상주시 화북면
경남 합천군 가야면
전북 부안군 변산면
전북 남원시 운봉읍

근데, 십승지—이거 왠지
부동산 업자들이
설계한 거 아닐까 하는
느낌적 의심이…

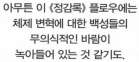

아무튼 이 《정감록》 플로우에는 체제 변혁에 대한 백성들의 무의식적인 바람이 녹아들어 있는 것 같기도.

그리고 그렇게 왕조가 망할 때 이를 도우려는 사람은 아무도 없고.

안전한 십승지에 들어가 팝콘이나 씹겠다는 것이 백성들의 속마음.

SAFE ZONE

정리하자면 결국 조선의 정신세계는 유교를 메인 삼아 메이저 종교와 토속 컬트가 뒤섞여 있는 것이니—

儒

불교

유교

서학

정감록

유교로부터 도리를,

주기론 도리

불교에서 불성을,

만인에 깃든 불성

서학으로부터 신을,

신에게서 만리화음

《정감록》에서 미래를,

후천개벽 궁궁을을

이렇게 조합하여 우리 동학의 도를 완성한 것이다!

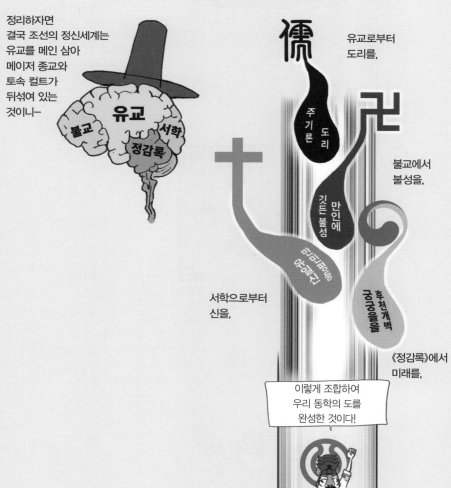

양놈들의 서학이 하나님을 모신다고 하지만,
실제로는 침략과 전쟁을 일삼으니
신뢰하기 힘들다.

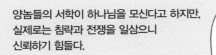

서학에 대응하여 우리 도의
이름을 동학이라 붙였으니,
잘난 서양에 대해 동양에도
무궁한 도가 있음을 자부하는
네이밍인 것이다!

오리엔탈 컬트?

아니, 저, 대신사님;
동학을 창설하신 이야기는
좀더 신비로운 것 아닌가요?

울산
여시바윗골 정자에서
신비로운 이인을 만나
천서를 전해받고,

꿀잼
ㅊㅊ.

○○

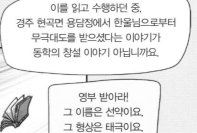

이를 읽고 수행하던 중,
경주 현곡면 용담정에서 한울님으로부터
무극대도를 받으셨다는 이야기가
동학의 창설 이야기 아닙니까요.

영부 받아라!
그 이름은 선약이요,
그 형상은 태극이요,
형상은 궁궁이니~

○○. 그런데 우리 한울님이 몰몬교네 하나님처럼 디테일한 부분까지 일일이 코치해주시는 게 아닌지라. 이리 조선의 정신세계를 연구하며 우리가 도를 발전시켜야 하는 것이라네.

머슴살이하던 자네를 교단의 총괄 매니저로 삼은 것도 다 그런 부분의 업그레이드를 위해서지.

글쿤요.

우리 동학이 가장 자랑스레 내세울 수 있는 것은 **인내천 사상!** 사람이 하늘이다!

헐?

오, 맘에 들었어요.

일찍이 없었던 동양적 인본주의 휴머니즘!! 인권과 만민 평등의 주창!

그리고 이 무렵 조선의 모든 이념 그룹들 중 가장 요란하게 미래에 대한 전망 제시!

후천개벽이 온다!! 새 시대를 대비하라!!

역사 이래 지난 몇천 년간 땅 파먹으며 구질구질하게 살던 선천의 시대가 저물어가고,

과학과 산업의 무시무시한 발전으로 눈알 핑핑 돌아가는 자본주의 문명 후천의 새 시대가 온다는 것인가?!

先天

後天

물론 저런 의미로 한 말은 아니겠지만, 이게 꽤나 그럴듯하게 맞아떨어지는 선천–후천 시대 개념이군요.

저때 사람들도 저 시기가 전무후무한 문명 대전환의 격변기라는 걸 어렴풋하게나마 느낀 게 아닐까요.

동학의 융성에는 조직 관리도 중요한 요소지.

초기 조직망은 일단 15개 접으로 시작했습니다.

약 60~70가구를 1개 접으로 조직.

동학 조직화는
당시 백성들의 바람에
부응하는 바가 있었으니–

못 살겠다;
이사 가자;;

어딘들
다를까만은….

의외로 백성들의
지역간 이주가 잦았던 조선 사회.

상호부조!
패밀리 소속감!

때문에 백성들은 향촌의 지역민 연대 이상의
어떤 소속감을 바라기 마련이었고, 그런 바람은
수많은 계의 형태로 나타난 바 있습니다.

균포계   치킨계

그리 밑바닥 연대에 목말라 있는 백성들에게
묵직한 조직 소속감을 부여하는
동학 지역 조직에 사람들이 몰리는 건 당연지사.

사람이 하늘입니다~!
함께 손잡고 후천미래로!!

가입하기

멋진 이상을 제시하며 사람들을
뭔가 더 나은 존재로 느끼게
해주는 부분도 중요하지요.

So, 1864년경, 문경새재에서 경주에 이르기까지의 400리 길에 시천주 주문이 끊이질 않았다고 한다.

시천주령아장생 무궁무궁만사지
侍天呪令我長生 無窮無窮萬事知

이를 지켜보던 ~~바라채인~~ 영남 유생들은 당연히 극도로 경계심을 표했고.

혹세무민 사이비 종교가 영남땅 다 털어간다!

저거 태평천국 순한 맛 아녀?

사또께 신고를 좀.

관아에 파워 신고.

1862년, 교주 최제우가 경주부 관아에 잡혀갔다가 신도들의 탄원으로 석방된다.

몽매한 무리일 뿐 딱히 위험요소는 없어보임.

…아무래도 내 이후를 준비해야겠으니, 자네가 큰일을 맡아줘야겠어.

무슨, 별 말씀을;;

하지만 1864년에는 조정이 동학에 국법을 적용,
최제우를 혹세무민과 서학 아류의 죄목으로 압송.

제 1 4 장

정권이 바뀜

주색으로 심신이 망가져 33세에 먼저 갑니다… .

철종이 승하한 1864년은—

안동 김씨의 집권 60년이 되던 해.

육십갑자가 한 바퀴 돌았으니 우리 가문의 권세도 슬슬 저물 조짐이 보이는구나….

영의정 하옥 김좌근(67세)

60여 년 전,
정조 대왕이 노론 시파
김조순의 딸을
세자빈으로 정했고,

우리 아빠 실드 쳐준 시파를 좋아하는 게 당연하죠. 시파.

수꼴 벽파에 비하면 시파가 정상인 포지션이었죠. 시파.

이에 따라 정조 사후, 10세 순조와 11세 순원왕후가 결혼.

색시가 소싯적에 예뻤거든.

(新)안동 김씨는 김수항 이래로 4대가 줄줄이 사형당할 정도로 당쟁에 깊숙이 발을 들여놓은 노론 핵심 세력.

1804년, 순원왕후 책봉을 방해하던 정순왕후가 권력에서 물러나면서 안김 세도가 시작된다.

김수항 사형
김창집 사형
김제겸 사형

김달행 · 김탕행 사형 · 김성행 사형

김이중 · 김이소 · 김이직

풍양 조씨가 세자빈을 앞세워 잠깐 권력에 끼어들기도 함.

김조순 · 김지순 · 김인순

유근 형님 사후, 나님이 24년간 가문 캐리.

조만영 · 순조 · 순원왕후 · 김유근 · 김좌근 · 김조근 · 김수근 · 김문근

수렴청정 두 번 한 할매. (헌종·철종)

신정왕후 — 효명세자

헌종 — 효현왕후 · 김병기 · 김병학 · 김병국 · 철인왕후 — 철종

효정왕후

(효현왕후가 요절하여 남양 홍씨 효정왕후로 교체)

안김 세도정치 3세대는 우리 3병이 메인이죠.

275 제14장_정권의 바람

우리 집안이 세 왕비를 내며 중심 잡고 정국을 주도해온 덕분에 당쟁의 사약 드링킹 페스티벌이 끝나고 안정적인 19세기가 전개된 게 아니겠는가.

근데 천하는 우리 집안을 더러운 세도가라 욕하네.

60년간 나라를 안정적으로 푹 썩혀버려서 그렇죠.

아무튼 다음 임금 대에도 우리 가문의 역할이 있을 것인지, 어쩔는지….

아버님, 옥새는 역시 조씨 할매가 잽싸게 챙겨놓았답니다.

뭔가 꿍꿍이가 있는 듯요.

뭐, 임금 후보 명단이 어떻게 되는지 일단 보자고.

김병기　　김병국　　김병학

일단 정조 직계는 헌종에서 끊겼고. So, 헌종 다음 철종은 정조 바로 윗대인 사도세자의 서얼 후손에서 뽑았으니,

일단 철종과 촌수 가까운 사도세자 서얼 후손들을 살펴봐야겠습니다.

아바마마! 보고 있소?!
조선 후기 임금들은
몽땅 다 내 서얼 씨임!!

사도세자

정조

은언군

은전군

은신군

순조

상계군

전계군

풍계군

남연군(양자)

효명세자

익평군

회평군

영평군

철종

완평군(양자)

흥인군

흥선군

헌종

이재성(서자) 6세

이재덕(양자) 12세

이재순(양자) 13세

이재근(양자) 7세

이재긍 7세

이재면 19세

이명복 12세

우리는 용꿈꾸는 소년들~ ♬

픽미 픽미 픽미 업~ ♪

사도세자 후손들 중 철종 밑으로
대를 이을 수 있는 다음 항렬에는
저렇게 7명의 아이가 있는데—

음?

여기서 잠깐!
우리 집안이랑
짝짜꿍이 좀 될 만한
후보가 있습니다만.

선혜청 당상
김병학

제가 흥선군이랑 좀 친하잖습니까?
흥선군이랑 얘기가 되기를—

아, 저희 둘째가
종사의 대업에 거론될 일이 있다면,
어찌 김대감 댁과
사돈 맺을 기회를
놓치겠습니까?!

옳키!
약조합시다!

흥선군 석파 **이하응**(44세)

흥선군네 둘째가 보위에 오른다면
왕비는 안동 김씨 문중에서
내기로 약조했습니다!
(구체적으론 우리집 딸래미)

그래? 그러면
흥선군네 둘째로
낙점.

잠깐! 잠깐!!
그건 아니죠!

호조판서 사영 **김병기**

흥선군
그 양반 속이 얼마나
시꺼먼 인간인지
다들 모르시나본데─

에이, 사영 대감,
나랑 친하면서
왜 이러시우~

친하니까 더
잘 아는 게지!!!

흥선군은 일찍이
전주 이씨 종친회
일을 맡아보면서
전주 이씨들의
으쌰으쌰 분위기에
슬며시 편승한 듯합니다.

이 나라는
전주 이씨들의
나라입니다~!

1862년에 이하전이
"안동 김씨 나라냐, 전주 이씨 나라냐"
─드립 치다가 사약 받았는데….

또한 유력가들과 폭넓게 교제하면서 사방팔방에
친목 라인을 넓게 펼치고 있습니다.

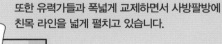

자, 다 같이
하응~♡

Swag파!
석파 친추
부탁드립니다~♡

1,000번째 팔로워 분께
석파란 짤 증정~!

양반 유력가뿐 아니라,
도성 내 뒷골목의 보스들까지 두루
수하 삼고 저잣거리를 주름잡고 있지요!

자, 난을 칠 때
손목 스냅은
나- 나나난-
난나나나난난~♬

결정적으로
흥선군은 안동 김씨
안티의 상징인
김정희의 제자라고요!!

에이.
도성 안에 갓 쓴 사람 가운데
절반은 추사 제자라는데
그건 뭐 딱히….

그리고 흥선군
이 인간이 하찮음을
가장하는 모양새가
의뭉스럽기
그지없는 것이-

ㅎㅎ, 사영 대감.
이번에 우리 첫째가 상투 트는데,
체면상 감투 하나는 머리에 얹어줘야
될 성싶어서. 좀 부탁드립니다~ ㅎ

으음…

현재 왕실의 제일 큰 어른은 신정왕후 조대비.

효명세자비 신정왕후 조대비
THE **대왕대비**

과부들이
너무 많아;;

헌종비 효현왕후 홍대비
THE **왕대비**

철종비 철인왕후 김대비
THE **대비**

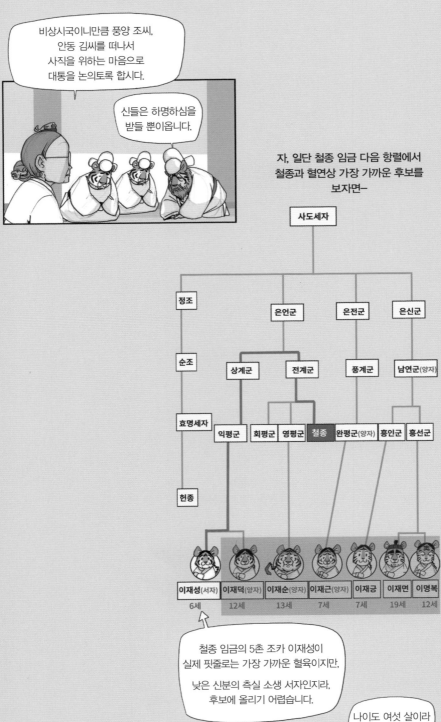

비상시국이니만큼 풍양 조씨,
안동 김씨를 떠나서
사직을 위하는 마음으로
대통을 논의토록 합시다.

신들은 하명하심을
받들 뿐이옵니다.

자, 일단 철종 임금 다음 항렬에서
철종과 혈연상 가장 가까운 후보를
보자면—

사도세자

정조 / 은언군 / 은전군 / 은신군

순조 / 상계군 / 전계군 / 풍계군 / 남연군(양자)

효명세자 / 익평군 / 회평군 / 영평군 / 철종 / 완평군(양자) / 흥인군 / 흥선군

헌종

이재성(서자) / 이재덕(양자) / 이재순(양자) / 이재근(양자) / 이재긍 / 이재면 / 이명복

6세 / 12세 / 13세 / 7세 / 7세 / 19세 / 12세

철종 임금의 5촌 조카 이재성이
실제 핏줄로는 가장 가까운 혈육이지만,

낮은 신분의 측실 소생 서자인지라,
후보에 올리기 어렵습니다.

나이도 여섯 살이라
너무 어리고….

이어서 은언군·은전군 라인의
자손들을 살펴보자면,

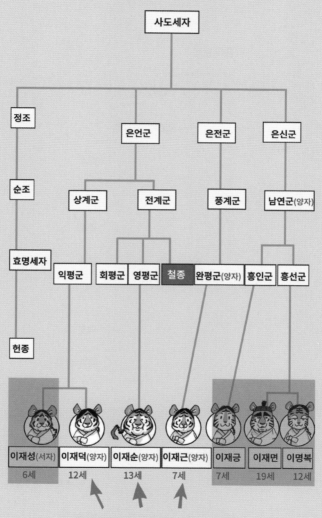

사도세자

정조

은언군　　　은전군　　　은신군

순조

상계군　　전계군　　　풍계군　　　남연군(양자)

효명세자　익평군　회평군　영평군　철종　완평군(양자)　홍인군　홍선군

헌종

이재성(서자)　이재덕(양자)　이재순(양자)　이재근(양자)　이재긍　이재면　이명복
6세　　12세　　　13세　　　7세　　　7세　　19세　　12세

철종 임금의 5촌 조카 이재덕이나
3촌 조카 이재순, 6촌 조카 이재근이 있는데
얘들은 사실 다 입양된 양자들입니다.

집안 제사를 잇기 위해 덕흥대원군파와
선조 서자들 계열에서 데려온 애들이라 실제 핏줄로
따졌을 때 철종 임금과는 20몇 촌 이상이지요.

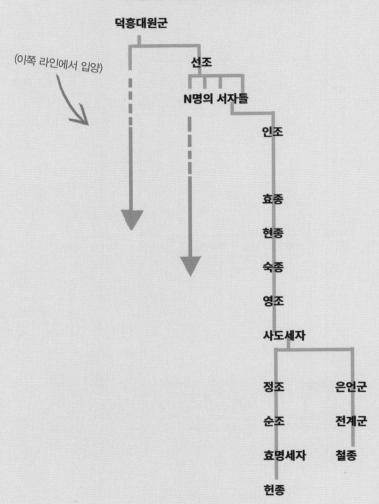

마지막으로 은신군 라인을 볼작시면,

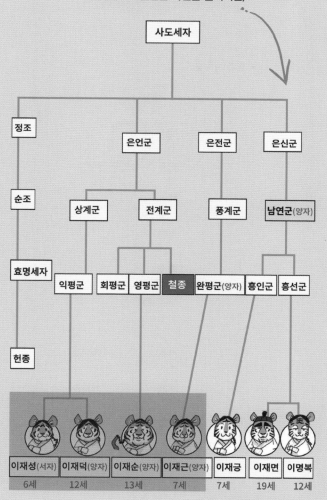

은신군 집안의 대를 이은
남연군도 입양된 양자긴 하지만,

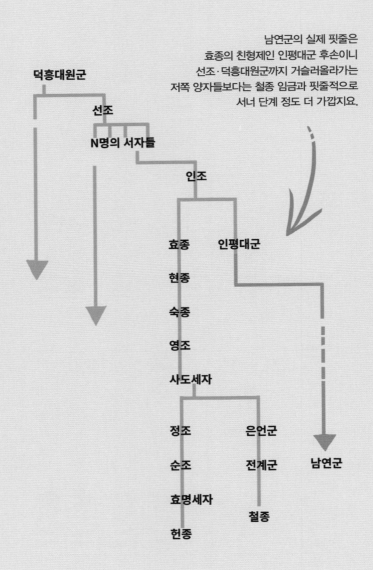

남연군의 실제 핏줄은
효종의 친형제인 인평대군 후손이니
선조·덕흥대원군까지 거슬러올라가는
저쪽 양자들보다는 철종 임금과 핏줄적으로
서너 단계 정도 더 가깝지요.

덕흥대원군

선조

N명의 서자들

인조

효종   인평대군

현종

숙종

영조

사도세자

정조   은언군

순조   전계군

효명세자

헌종   철종

남연군

So, 남연군의 손자 3명 중에 한 아이를 고르는 것이
가장 적절하지 않을까 싶습니다.

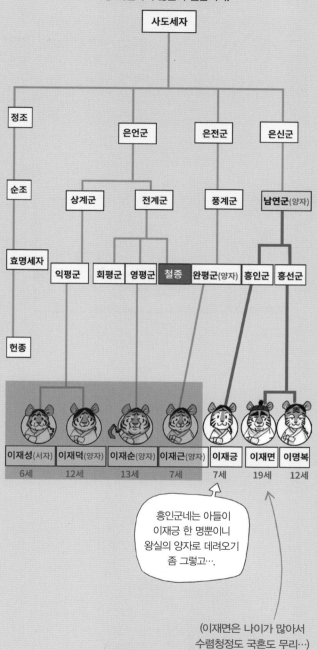

흥인군네는 아들이
이재긍 한 명뿐이니
왕실의 양자로 데려오기
좀 그렇고…

(이재면은 나이가 많아서
수렴청정도 국혼도 무리…)

어… 음,
결국 남는 건–

이재성(서자)	이재덕(양자)	이재순(양자)	이재근(양자)	이재긍	이재면	이명복
6세	12세	13세	7세	7세	19세	12세

○○ 원래 양자는 둘째 이하를
데려오는 게 정석이죠.

흥선군네 둘째
이명복이
가장 적당할 듯요?

…!

…그렇겠죠….

이견이 없으면,
그리 정합시다.

대통 결정!

이명복
(이재황)

군호는 '익성군'으로.
익종(효명세자)의 양자로
입양해 대통 승계.

. . . . . .

…이리 무탈히 승계가
정해짐이 조종의
보살핌이십니다~
흐흐흐흐

아니, 근데, 하옥 영감탱이가
순순히 흥선군네 둘째에
동의하는 거 보니, 뭔가 수상한데?

흥선군이 안김 놈들한테도
뭔가 언질을 준 거 아냐?

걱정 마시옵소서.

규장각 대교 **조성하**(20세)
조대비의 친정 조카

흥선군이
분명히 약조하기로—

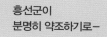

어휴, 용상에 우리 둘째가
앉을 일이 있다면 왕비는
당연히 풍양 조씨지!

조대비 마마께서
수렴청정하시고!
내가 좀 도와드리고!

나님이 안동 김씨네랑도
좀 친해서 안동 김씨들도
딱히 반대는 안 할 거임. ㅎㅎ

그럴사오니, 그 부분은 딱히 걱정 안 하셔도—

……뭐 솔직히 풍양 조씨 천하를 만들자는 건 아니고,

이참에 안동 김씨 세도 60년만 끝내줘도 대업이라 이를 만하다.

결국 이리되는군요!

정황 보니까 이건 분명히 흥선군이 풍양 조씨네랑 얘기가 오간 거라니까요?!

아니, 흥선군이 풍양 조씨들과도 친하니까 저쪽에서도 적당하다 여기는 거죠;

왕비는 분명히 우리 딸래미로 하기로 했어요;

· · ·

…뭐, 흥선군 정도면 안동 김씨 60년 세도를 피바람 없이 연착륙시킬 관제탑이 되어줄 거다.

예?;;;;

웅성웅성

애비와 아들로서 나누는
마지막 사담이다!!!

애비가 너에게 임금 자리는
만들어줬지만!!

네 나라는 아직 제대로
만들어주지 못했구나!!

애비가 네 나라를 제대로
만들어줄 때까지,
애비를 믿어줄 테냐?!

예, 아버지!!
믿씁니다!!

그래!
착한 내 새끼다!!!

1864년 1월 21일, 익성군 이재황(이명복).
조선 26대 국왕으로 등극.

성군이
되시옵소서!!

292

그리고
예정대로
조대비의
수렴청정 시작.

자, 짐짓 사양하는 척하는
흥선군을 대원군에 봉하고,
그 의전 및 조정과의 관계 등에
대해 짚고 넘어가야겠지요?

조대비는 약조한 대로
흥선군을 권력 중추로
끌어들여
안동 김씨 세력을
누르려 하고.

이에
안동 김씨 쪽에서
견제의 목소리가
나왔지만,

아니, 조정에 공사 내외의 법도가 있는데
조정 대신들과 흥선군이 딱히
마주칠 일이 있겠습니까.
나중에 천천히 논해도 될 일이죠.

쿵, 흥선군과 경들이
만날 일이 있을지 없을지는,
일단 직접 만나보고
얘기하시구랴.

예?

굽씨의 오만잡상

대원군이 즐겨 그렸다는 난 수묵화는
그의 호를 따 '석파란'이라고 불립니다.
대원군의 난 치는 실력은 속세를 벗어난 경지에
이르렀다는 게 당대의 평가였다지요.

솔직히 난알못이라 어떤 식으로
경지인지는 잘 모르겠음요;;

권력욕의 화신이랄 만한 속된 위인인 대원군, 그런데 그가 그리는 난은 탈속한 경지라···
대원군의 야인 시절, 석파란을 감상한 사람들은, 이런 난을 치는 사람의 뱃속에 그리
어마어마한 야심이 또아리 틀고 있으리라고는 상상 못 하지 않았을까 싶습니다.
그 거대한 모순이 석파란의 예술적 가치에 깊이를 더하는 것이 아닐까 생각됩니다.
(물론 대원군이 권력을 잡은 이후에는 최고 권력자의 그림을 얻기 위해 여기저기서 값을
아끼지 않았다는 부분이 금전적 가치에 영향을 끼쳤겠지요)

대원군처럼 속된 야욕과 탈속한 예술혼을 함께 품었다고 평가되는
현대사 인물인 JP가 석파란에 탐닉한 것은 필연일까요.

JP가 소장했던 석파란 12폭 병풍은
1980년, 신군부에 의해 압수당한 이후 행방이
묘연하다고 합니다. 석파란이 지닌 권력과 예술의
모순적 양면성이 이렇게도 드러나나 싶습니다.

주요 사건 및 인물

주요 사건

1차 조슈 정벌

1864년 8월, 고메이 천황은 막부에 조슈 번 토벌의 명을 내린다. 막부는 조슈 정벌을 위해 35개 번 15만 병력의 정벌군을 소집한다. 정벌군은 히로시마에 사령부를 설치하고, 12월 16일을 공격 날짜로 정한다. 이에 사쓰마 번은 조슈 번의 항복 교섭을 주선하고, 12월 9일 조슈 번은 항복을 결정한다. 이에 번정의 리더 스후 마사노스케가 할복하고, 금문의 변에 앞장선 인사들에 대한 처형이 집행된다. 1865년 1월 2일, 정벌군 사령부에 조슈 번의 사죄문서가 접수된다. 이로써 막부는 당해 1월 24일 토벌군을 해산하고 1차 조슈 정벌을 종료한다.

2차 조슈 정벌

1차 조슈 정벌 이후 조슈 번에서는 보수파가 실권을 장악하고, 존왕양이파 인사들에 대한 숙청을 벌인다. 이에 맞선 다카스기 신사쿠는 '정의파'의 이름을 걸고 봉기한다. 치열한 내전 끝에 기병대 등의 신식 군대를 동원한 정의파가 승리함으로써 번의 정권을 장악하게 된다. 조슈 번 신정권이 막부의 공순 요구를 모두 거절함에 따라 막부는 2차 조슈 정벌을 결정한다. 1866년 조슈 정벌군은 네 방면에서 조슈를 향해 공격을 개시한다(4경계 전쟁). 하지만 동원된 여러 번들의 전의 부족과 군 조직력 와해, 무기의 질적 차이 등으로 정벌군은 전 전선에서 패퇴한다. 물가 폭등으로 전국의 민심이 흉흉해지는 와중에 쇼군 이에모치가 병사하면서 막부는 조슈 정벌을 포기하게 된다.

남북전쟁

1860년, 링컨이 미합중국 대통령에 당선됨에 따라 노예제를 지지하던 남부의 여러 주가 연방을 탈퇴해 아메리카 연합을 결성한다. 이에 연방을 유지하려는 북부와 노예제를 유지하려는 남부 간에 내전이 벌어진다. 1865년, 남부의 패전으로 전쟁이 종결됨에 따라 미국의 국가 통합은 강고해지고 노예제는 폐지되었다.

삿초 동맹

1866년 3월 8일, 막부의 무력에 대항하기 위해 사쓰마 번과 조슈 번이 맺은 동맹. 도사 탈번 낭인인 나가오카 신타로, 사카모토 료마, 히지카타 히사모토 등이 이 동맹을 주선하기 위해 암약했다. 조슈와의 비밀 동맹 체결에 따라 사쓰마는 조정에서 조슈에 대한 구명 활동에 나서고, 2차 조슈 정벌 때는 막부의 동원령을 거부하고 조슈에 무기를 지원한다.

시모노세키 전쟁

1863년 조슈 번은 전함과 포대를 배치, 간몬 해협 봉쇄에 나선다. 이에 올콕 영국 공사의 주도로 영국·네덜란드·프랑스·미국이 4개국 연합 함대를 조직, 시모노세키 앞바다에서 조슈 번 포대들에 대한 제압 작전을 실시한다. 4국 연합 함대가 간몬 해협의 포대들을 초토화시키고 히코섬을 점령함에 따라 조슈 번은 서양 세력에 굴복, 협상에 응하게 된다. 협상 결과, 조슈 번은 외국 선박의 간몬 해협 통행 보장, 시모노세키 항구 이용 보장, 포대 철거, 배상금 지급 등의 요구 사항을 수락한다.

《정감록》 예언

《정감록》은 19세기 조선, 민간에 널리 퍼진 예언서로, 정본이 불분명하고 저자나 지어진 시기 등도 명확하지 않다. 정씨 왕조를 상징하는 정감과 이씨 왕조를 상징하는 이심·이연 형제의 문답을 기본 틀로 삼고 여기에 남사고와 서산대사 등의 예언들을 추가한 책이다. 이씨의 한양이 500년 만에 망하고, 계룡산의 정씨 왕조가 800년, 가야산의 조씨 왕조 500년이 온다는 등 반체제적인 성격이 강해 금서로 지정되었으나 암암리에 널리 퍼져 이후 백성들의 정신세계에 큰 영향을 끼친다.

진주민란(임술농민봉기)

1862년 봄, 진주에서 시작되어 전국으로 확산된 민란이다. 경상우병사 백낙신의 추가 징세에 분노한 진주 백성들의 봉기로 시작되었다. 이 진주민란은 10여 일 만에 마무리되었지만, 저항의 불씨는 경상·전라·충청의 3남 각지로 퍼져나가 전국 70여 곳에서 민란이 이어진다.

주요 인물

다카스기 신사쿠 高杉晋作

조슈 번의 번사로, 조슈 번 개혁과 도막 운동에 앞장섰다. 1862년 막부 조사단의 일원으로 상하이를 방문, 그곳에서 서양 세력의 위세와 청나라의 쇠락을 직접 목격한다. 이에 개항을 통한 근대화의 필요성을 절감하고 먼저 군제 개혁에 나선다. 신사쿠가 창설한 기병대는 일본 최초의 국민군으로, 모든 병사들을 신분·가문에 상관없이 부대 내 계급과 직위로 대우했다. 사무라이 계급만 가질 수 있었던 총칼을 일반 백성에게도 쥐어준 것이다. 덕분에 기병대는 백성들의 대대적인 호응을 받았고, 이후 4경계 전쟁에서 크게 활약한다.

도쿠가와 요시노부 德川慶喜

막부의 실권자인 요시노부는 쇼군 후견직을 사임한 후 교토에 머물며 조정 벼슬인 어수위총독의 지위에 올라 막부와 조정을 중간에서 조정하며 이치카이소 정권을 통해 국가를 운영해나간다. 그 과정에서 여러 개혁 정책을 실시하고 도막 세력을 뿌리 뽑기 위해 1, 2차 조슈 정벌을 추진했다. 그러나 정벌군이 패퇴를 거듭함에 따라 쇼군 이에모치의 사망을 계기로 정벌 진행을 중지, 전쟁은 조슈의 승리로 마무리된다.

박규수 朴珪壽

조선 말기 문신으로, 연암 박지원의 손자이자 추사 김정희의 제자. 1830년 효명세자의 사망으로 크게 낙담하고 20여 년간 칩거한 이후 세상에 나온다. 1861년 열하문안사 사신으로 청나라에 파견되어 청나라의 실상과 서세동점의 세계정세를 접한다. 이후 진주민란 당시, 안핵사로 임명되어 민란 수습 임무를 맡게 된다. 박규수는 진주에 머물며 환곡 결손 사태의 진상을 파악하고, 봉기한 백성들의 청원을 접수하는 등의 노력을 통해 민란을 수습한다.

사카모토 료마 坂本龍馬

도사 번 탈번 낭인으로, 일본 최초의 상사인 카메야마 사중 대표로 활약했다. 대립 관계에 있던 사쓰마 번과 조슈 번 사이를 중재하는 대리인으로 나선다. 당시 막부로부터 무역 봉쇄를 당하고 있던 조슈 번을 위해 사쓰마 번 명의로 글로버 상회에서 무기를 구입해 조슈에 배달한다. 료마의 활약에 힘입어 맺어진 삿초 동맹은 이후 막부를 무너뜨리고 유신으로 가는 첫걸음이 된다.

아베 마사토 阿部正外

무쓰 시라카와 번주이며 막부의 로주. 1865년 3월, 양이파를 견제하기 위해 4천 병력을 이끌고 교토로 상경해 조정과 교섭에 나섰다. 그러나 조정은 그의 교섭을 받아들이지 않았고, 마사토는 요시노부의 요청에 따라 다시 에도로 돌아가 쇼군 솔병 상경을 건의하고 상경 반대파들을 축출한다. 그 후 11월 13일, 마사토는 마쓰마에 다카히로와 함께 영국과 프랑스, 네덜란드, 미국이 요청한 효고 개항과 오사카 개시를 수락하는 협정을 조정의 허가 없이 체결한다.

오무라 마스지로 大村益次郎

조슈의 시골 의사 가문 출신으로, 나가사키 나루타키 의학원에서 유학하고 서양 의술과 난학, 군사학 등을 익혔다. 1855년 우와지마 번에서 일본 최초로 증기선 설계 및 제작에 성공했고, 1856년 막부의 신식 군사학교인 강무소의 교수로 근무했다. 1861년 조슈 번으로 돌아와 군사학과 서양 학문을 강의했다. 그밖에 서양식 군제 개혁과 훈련, 조직에 힘썼으며, 대외 교섭과 밀무역, 상하이 파견 업무를 맡고, 제철소와 공장 건설에 관여한다. 이후 1866년 4경계 전쟁이 발발했을 때, 이와미 방면의 조슈군을 지휘해 승리로 이끌었다.

최제우 崔濟愚

조선 후기 인내천 사상을 바탕으로 동학을 창시한 종교지도자. 벼슬길에 오르지 못한 몰락양반 출신으로, 1860년 신비한 종교 체험을 겪고 동학을 창시, 1861년부터 포교를 시작한다. 1862년 9월 백성들을 현혹시킨다는 이유로 경주진영에 체포되었으나 수백 명이 석방을 청원하면서 무죄 방면되었다. 이후 동학의 활발한 교세 확장과 신도 수 증가를 경계한 조정에서 혹세무민의 죄목으로 최제우를 체포하고, 1864년 4월 참형에 처한다.

효명세자 孝明世子

1827년 부왕인 순조의 명령으로 대리청정을 시작하면서 인재를 널리 등용하고, 백성을 위하는 정치를 구현하기 위해 노력했다. 박규수 등의 젊은 인재들을 등용해 세도정치를 타파하려 했으나, 불행히도 대리청정을 수행한 지 4년 만에 사망한다. 이후 효명세자의 아내인 신정왕후 조씨의 친정 풍양 조씨 가문이 안동 김씨와 더불어 세도 정치의 중핵으로 부상한다.